믿음 학교 1

믿음 학교 1
믿음으로 사는 법

지은이 | 키이스 모어
옮긴이 | 오태용

1쇄 인쇄 | 2025년 10월 20일
1쇄 발행 | 2025년 10월 30일

펴낸곳 | 베다니출판사
펴낸이 | 오생현
등록번호 | 1992. 5. 6(제3-413호)

주소 | 서울시 송파구 새말로10길 18-1 베다니하우스 4층(우편번호 05810)
전화 | (02) 448-9884~5)
팩스 | (02) 6442-9884)
Email | bethanyp@hanmail.net
홈페이지 | http://www.bethany.co.kr
북 카 페 | cafe.naver.com/bethanybooks

Originally published in the USA
under the title Faith School

값 19,000원

ISBN 978-89-5958-264-8 (04230)
ISBN 978-89-5958-265-5 (세트)

케네스 해긴 레마신학교 교수를 지낸 후,
Faith School 전세계 온라인에서 가르친
〈믿음〉 강의 시리즈

믿음 학교 1

믿음으로 사는 법

키이스 모어 지음 | 오태용 옮김

베다니출판사

차례

Week 3 믿음이 어떻게 오는가?

Week 4 확신

역자 서문

키이스 모어 목사님의 〈믿음 학교〉 강의를 한국교회에 번역 소개할 수 있는 은혜를 주신 하나님께 감사를 드립니다. 키이스 목사님은 제가 레마 바이블 신학교RBTC 다닐 때, 치유와 성령과 재정을 가르쳐주신 선생님이십니다. 얼마 전에 65회 생신을 맞이하셨는데, 은퇴 없이 사역은 계속하겠다고 했습니다.

저는 키이스 모어를 케네스 해긴 목사님의 '1등 제자'라고 서슴없이 부릅니다. 왜냐하면 그는 교수 시절에도 해긴이 가장 신뢰하는 성령 충만한 예배자였고, 해긴의 기름 부음을 가장 많이 이어받았다고 알려진 목사이기 때문입니다. 학교 예배 때 해긴 목사님이 그를 불러 인도하게 하면 곧 성령의 기름 부음이 강력히 임하곤 했습니다.

또 하나는 하나님께서 케네스 해긴 목사에게 **"내 백성에게 믿음을 가르치라"**고 명하셔서 해긴이 평생 마가복음 11:22-24의 믿음을 가르쳤습니다. 키이스 모어는 20여 년간 해긴의 레마 바이블 신학교 사역을 마치고, 성령의 인도를 받아 2002년에 미주리주 브랜슨에 Faith Life Church를 개척했고, 10년 후에는 플로리다주 사라소타에도 세웠습니다.

키이스는 이곳에서 Faith School, 〈믿음 학교〉를 개설하고 거의 매주 다섯 차례월~금 믿음 메시지를 전했습니다. 2024년 12월 현재 총 655강이 됩니다. 한마디로, 해긴의 믿음의 영을 이어받았다고 볼 수 있습니다. 한 주제를 가지고 이처럼 다섯 번, 혹은 수십 차례 강의한다는 것은 특별한 성령의 기름 부음이 아니고는 어려운 일이라 생각합니다. 그는 해긴 목사님처럼 기름 부음이 강력하여 원고도 없이 필요한 성구 몇 가지만 적어서 강의하고 설교합니다.

제가 현재 '케네스 해긴 치유학교' 유튜브 방송을 하면서 키이스 모어의 〈믿음 학교〉 메시지를 더한 것은 우리 그리스도인들이 치유를 받으려면 믿음이 제일 필요하기 때문입니다. 그뿐만 아니라 예수 믿고 구원받은 하나님의 자녀들의 삶에서 믿음이 제일 중요합니다. 더욱이 한국에서는 신뢰할 만한 치유 메시지도, 믿음 메시지도 듣기 어렵기 때문에 부족한 제가 메신저 역할을 하고 있습니다. 하나님께서 대학과 신학과 유학을 통해서 저를 준비시켜 이 일을 하게 하셨다고 믿습니다. 케네스 해긴의 가르침을 한국교회와 후대에 전하는 것이 저의 사명이고 비전입니다.

키이스의 설교나 강의는 세 가지를 강조합니다. **메시지를 반복하는 것, 도중에 큰 소리로 따라서 고백하는 것, 말씀을 들은 후 반드시 그 말씀대로 행하게 하는 것입니다.** 그렇게 실천할 때 자신의 믿음이 강화되어 매일의 삶에서 응답과 승리와 기쁨을 얻게 됩니다.

그래서 매 강의 끝에 〈배운 대로 행하기〉라는 제목하에 배운 내용을 간단히 적용할 것 두 가지를 제시하였습니다.

1. 무엇을 배웠는가?
2. 무엇을 행할 것인가?

말씀을 배우고 나서 행하지 않으면 죽은 믿음이라고 했습니다. 꼭 한두 줄이라도 적고 실천하기를 바랍니다. 현재 키이스 모어 목사의 〈믿음 학교〉 강의는 전 세계 11개 언어로 번역되어 있습니다.

바라기는 한국교회 성도들이 키이스 모어 목사의 〈믿음 학교〉 메시지를 듣고 말씀대로 행한다면 믿음에 대한 잘못된 선입견을 불식하고 자신의 믿음에 놀라운 변화가 일어나 자신은 물론 교회 공동체를 새롭게 갱신할 수 있으리라 믿습니다. 나아가 교회에서는 리더 훈련 교재로 사용하면 좋을 것입니다.

학기 말에 키이스 모어(30대) 부부와 함께- 역자 부부(40대)

키이스 모어의 Faith Life Church, Branson 전경

Week 1

왜 믿음인가?

1-1 믿음은 하나님이 기능하시는 방법이다

1-2 우리는 믿음으로 살아야 한다

1-3 믿음으로 사는 법을 알라

1-4 믿음의 선한 싸움을 싸우라

1-5 믿음의 선한 싸움을 싸우는 방법

1-1

믿음은 **하나님이 기능하시는** 방법이다

여러분, 안녕하세요. 저의 레마 신학교 은사이신 키이스 모어 목사님의 Faith School, 〈믿음 학교〉에서 강의한 믿음 메시지를 함께 나눕니다. 여러분이 아시는 대로, 믿음 메시지는 케네스 E. 해긴 목사님이 세계 1인자이죠. 그분이 2003년에 천국 가신 이후에는 그의 기름 부음을 이어받은 수제자 키이스 모어 목사님이 최고라고 믿습니다. 그가 〈믿음 학교〉에서 강의한 믿음 메시지가 600개가 넘습니다.

여러분이 질병 치유를 받으려면 뭐가 필요할까요? 믿음이죠. 치유받는 믿음! 예수님은 병 고침 받으러 나온 자에게 "네 믿음이 너를 구원/치유했다"며 그 사람의 믿음을 칭찬했습니다.

이렇게 귀한 믿음을 정확히 가르치는 이가 많지 않습니다. 그래서 이 믿음 메시지를 번역해 전하는 것입니다.

믿음 메시지는 한 주제를 한 주간월~금 다섯 차례 합니다. 여러분이 이 믿음 메시지를 잘 들으면 최고의 믿음의 사람이 될 것입니다.

오늘 주제는 첫 시간으로 **"왜 믿음인가? – 믿음은 하나님이 기능하시는 방법이다"**라는 내용입니다. –역주: 비록 이 책이 키이스 목사의 대역 강의 내용이지만, 은혜를 받으시기 바랍니다.

* * *

오늘 첫날, 시작하기에 앞서 나의 믿음의 아버지로서 지금은 천국에 계시는 고故 케네스 E. 해긴 목사님께 감사를 드립니다. 해긴 목사님은 "가서 내 백성에게 믿음을 가르치라"는 명령을 주님으로부터 받았습니다. 주님은 16세의 해긴을 죽음의 불치병에서 일으켜 주시고, 해긴 목사님이 60년 이상 성공적인 미니스트리를 할 수 있게 해 주셨습니다. 그렇게 된 것은 해긴 목사님께서 믿음이 무엇인지를 깨닫고 믿음으로 치유를 받았기 때문입니다.

이렇게 세상에서 엄청난 변화와 영향을 일으키는 믿음을 사람들에게 가르치고 사역하는 것은 해긴 목사님뿐 아니라 저와 여러분에게도 해당이 되는 명령이라고 믿습니다. 그래서 제가 이 〈믿음 학교〉 강의를 시작한 것입니다.

여러분, 〈믿음 학교〉는 단지 믿음에 대해서만 배우는 곳이 아닙니다. **〈믿음 학교〉는 우리의 믿음, 곧 믿음의 영**spirit of faith**이 우리 안에 들어오는 곳이며, 또 우리의 믿음이 자라고 발전하기 시작하는 곳입니다.** 그리하여 믿음이 오늘도 자라고, 내일도 자라고, 모레도 자라고,

그다음에도 계속해서 더욱 크게 자라갈 것입니다.

이 〈믿음 학교〉의 첫 시간에 필요한 말씀을 주시도록 우리 모두 합심하여 믿음으로 함께 기도하겠습니다.

"아버지 하나님, 우리 자신을 아버지 앞에 올려드립니다.
이런 기회를 주신 주님께 감사와 찬송을 올립니다.
지금 구하오니 우리 모두에게 보는 눈과 듣는 귀와
깨닫는 마음을 주시옵소서.
또한 주님께서 우리가 알기 원하는 것을 우리가 알 수 있도록
성령의 깨닫게 하심과 지혜, 총명을 우리 모두에게 주시옵소서.
주님께서 원하시는 방법으로
우리가 발전해 나갈 수 있게 하옵소서.
예수님의 이름으로 기도합니다. 아멘."

자, 여러분, 이제 〈믿음 학교〉 첫 시간을 시작합시다.

히브리서에서 위대한 믿음의 장인 11장을 보겠습니다. 여러분이 믿음에 대해서 더 많이 배우고 싶다면, 이 11장을 읽으세요.

히브리서 11장은 전체가 믿음에 관한 이야기입니다. 여기에는 믿음에 대한 정의만 있는 것이 아니라 살아 있는 실례들, 본보기들이 연이어 나와 있습니다. 그것은 그저 역사적 교훈 정도가 아닙니다. 믿음의 여러 다른 면모들을 볼 수 있게 해줍니다.

믿음이란 무엇인가, 믿음은 어떻게 오는가, 믿음을 어떻게 풀어내고 발전시키는가 등등과 같은 중요한 질문들에 답하기 전에, 훨씬 더

근본적인 것부터 시작해야 한다고 봅니다.

그것이 무엇인가 하면, **"왜 믿음인가?"**Why Faith? 하는 질문입니다. 왜 믿음입니까? 왜 믿음이 중요한 이슈big issue입니까? 그 이유는 이것입니다. **많은 교회 다니는 사람들이 "나는 믿음이 있어"라고 말하지만, 정작 그들은 믿음에 대해 거의 말하지 않습니다.** 그들에게 믿음이란 "나는 이런 교리를 믿는다"라는 교리적 진술 정도입니다.

그러면 히브리서 11장에 대해 말하기 전에 잠깐 멈추고, 로마서 1:17을 먼저 봅시다. 그다음에 히브리서 11장으로 오겠습니다.

로마서 1:17은 복음에 대해 말하고 있습니다. **"복음에는 하나님의 의가 나타나서 믿음으로 믿음에 이르게 하나니 기록된바 오직 의인은 믿음으로 말미암아 살리라 함과 같으니라."**

"오직 의인은 믿음으로 말미암아 살리라."

이 구절은 로마서에만 있는 것이 아닙니다. 구약성경 하박국에도 있고, 갈라디아서에도 있고, 히브리서에도 있습니다. 그 모든 곳에서 "의인은 믿음으로 말미암아 살리라."라고 말했습니다.

믿음을 계시함에 있어서 가장 중요한 첫 번째 계시 중 하나는 무엇인가요?

믿음은 **교리적 진술이 아니라는 것입니다.**

믿음은 **무슨 운동이 아닙니다.**

믿음은 **생활 방식**way of living, **곧 삶의 방식**way of life**입니다.**

믿음은 **생각하는 방식**way of thinking**이고, 말하는 방식입니다.**

믿음은 **반응하는 방식입니다.**

믿음은 **모든 문제를 성공적으로 다루는 유일한 방법입니다!**

믿음이 왜 성공할 수밖에 없는가의 이유는, 믿음은 바로 하나님께서 사시는 방법이기 때문입니다. 아버지께서 기능하시는 방법이 바로 믿음입니다! 할렐루야!

"왜 믿음인가?"라는 주제에 대해 중요한 것을 몇 가지 말씀드리겠습니다.

첫째, 믿음은 하나님께서 기능하시는 Function **방법입니다.**

히브리서 11:3을 봅시다. "믿음으로 모든 세계가 하나님의 말씀으로 지어진 줄을 우리가 아나니 보이는 것은 나타난 것으로 말미암아 된 것이 아니니라."

시편 33:6에도 같은 말씀이 있어요. "여호와의 말씀으로 하늘이 지음이 되었으며 그 만상을 그 입 기운으로 이루었도다." 9절도 보세요. "그가 말씀하시매 이루어졌으며 명령하시매 견고히 섰도다."

하늘과 땅이 어떻게 존재하게 되었습니까? 하나님께서 믿음으로 그렇게 하셨다고 성경은 말해줍니다. 믿음으로!

믿음은 아버지께서 기능하시는 방법입니다. 믿음은 하나님 아버지께서 사시는 방법입니다. 하나님은 두려움으로 기능하지 않으십니다. 하나님은 불신앙으로 기능하지 않으십니다. 완전히 믿음으로 행하십니다.

그러므로 우리가 믿음에 대해서, 믿음으로 사는 것에 대하여 이야기할 때 우리는 무슨 필요한 것들을 얻을 수 있는 원리를 배우는 것에 대해 말하는 것이 아닙니다. 우리를 곤경에서 벗어나게 해주고, 질병을 치유하며, 재정의 필요를 채워주는 것에 관한 이야기를 하는 것이 아닙니다. 그것보다 훨씬 더 중요한 그 이상입니다.

믿음은 하나님 아버지께서 기능하시는 방법입니다.
하나님께서 역사하시는 방법입니다.
하나님께서 사물을 창조하시는 방법입니다.
믿음은 하나님께서 하시는 모든 것이 성공하는 방법입니다.
하나님께서 하시는 모든 것이 승리하고 이기는 방법입니다.
할렐루야!

우리는 하나님의 자녀이므로, 아버지께서는 우리가 그 자신처럼 살도록 정해놓으셨습니다. 하나님은 우리가 아버지의 본을 따르도록, 우리가 아버지를 본받도록 명하셨습니다. 그것을 우리는 매일, 깨어 있는 순간마다 심지어는 우리가 잠을 잘 때에도 그렇게 하도록 요구하십니다.

여러분은 믿음으로 눈을 깜박거릴 수 있습니다. 여러분은 믿음으로 숨을 쉬거나, 아니면 두려움과 불신앙으로 숨을 쉴 수 있습니다. 모든 순간, 모든 결정, 모든 반응, 모든 반작용이 믿음으로 될 수도 있고, 두려움으로 될 수도 있습니다. 확신으로 할 수도 있고, 망설임으로 할 수도 있습니다. 주님께서 우리를 의롭다고 하신 것은 우리가 믿음으로 살도록 하기 위해서였습니다.

만일 여러분의 영으로, 여러분의 마음으로 이런 말을 듣는다면, 여러분 안에서 신나는 흥분이 일어나기 시작할 것입니다. 그것은 점점 더 커지고 점점 더 강해지고, 더 커지고 더 강해질 것입니다.

믿음에 대해 배운다는 것은 하나님이 **어떻게 영원한 과거로부터 기능해 오셨는가**를 배우는 것입니다. 그리고 우리의 놀라운 아버지께서 **어떻게 영원한 미래까지 기능해 가실 것인가**를 배우는 것입니다. 아버지께서는 우리를 그의 친자녀로 부르셨습니다. 우리를 아버지와 함께 있도록 부르셨습니다. 두 사람이 뜻이 같지 않은데 어찌 동행할 수 있겠습니까? 어디로 갈 것인지 의견이 일치하지 않는다면 어떻게 두 사람이 같은 방향으로 갈 수 있겠어요?

우리가 믿음으로 살아야 하는 한 가지 이유는 우리의 미래는 우리 아버지와 함께 할 것이기 때문입니다. 그런데 하나님은 믿음이 아니고는 결코 어떤 일도 하지 않으십니다. 그러므로 우리가 믿음 안에 있지 않을 때는 언제든지 두려움이나 의심, 흔들림 가운데 있을 수 밖에 없습니다. 그러면 즉시 우리는 아버지에게서 멀어지고 떨어질 것입니다. 아버지는 두려움과 불신앙 가운데 있는 우리와 합하지 않을 것이기 때문입니다. 아버지와 계속 연결되어 있기 위해서는 우리가 아버지처럼 기능해야 합니다. 아버지는 믿음으로 기능하십니다.

〈믿음 학교〉에 오신 여러분, 지금까지 어떻게 살아오셨습니까?

잘 해오셨나요? 그러므로 "왜 믿음인가?"라는 주제에서 **우리의 첫 번째 요점은 아버지께서 믿음으로 기능하신다는 것입니다.**

여러분 모두 큰 소리로 따라 하세요. **"믿음은 아버지께서 기능하시는 방법이다."** 그것은 하나님 자신이 기능하고 역사하시는 방법입니다.

다시 읽어봅시다. **"의인은 믿음으로 말미암아 살리라."** 롬1:17

고린도후서 5:7은 약간 다르게 말합니다. **"이는 우리가 믿음으로 행하고 보는 것으로 행하지 아니함이로라."** 행한다는 것은 발걸음을 걷는다는 뜻입니다. 사실, 로마서는 우리 조상 아브라함의 발걸음을 언급합니다. 하나님은 걸음걸음을 인도하십니다.

그러나 성경이 말하는 것과 같은 방향으로 발걸음하는 데는 믿음이 필요합니다. **"아브라함은 갈 바를 알지 못하고 나아갔으며."** 그렇습니다. 만일 여러분이 어디로 가는지 알지 못하고 간다면, 믿음이 필요할 것입니다. 첫 발자국을 떼고 그다음 발자국을 어디로 떼야 할지를 하나님께서 여러분에게 알려주실 것을 믿어야 할 것입니다. 그리고 또 그다음 발자국, 또 그다음 발자국… 우리는 아는 것이 없지만, 하나님은 모든 것을 아십니다.

우리 하나님 아버지는 우리가 충분히 자라기 전까지는 그가 아시는 것의 많은 부분을 우리에게 설명해 주실 수 없습니다. 그러므로 그것이 역사할 유일한 방법은 **우리가 믿음으로 하나님을 따라가는 것입니다.** 그가 말씀하시는 것을 신뢰하면서, 그가 우리를 사랑하시고 돌보신다는 것을 신뢰하면서, 그가 우리를 나쁜 곳으로 인도하지 않으시고, 우리를 좋은 곳으로 인도하신다는 것을 신뢰하면서 말입니다. 할렐루야!

그러한 발걸음을 떼는 것은 하나님께서 우리가 좋은 일들 쪽으로 걷도록 규정하시고 준비해 놓으신 계획에 우리를 점점 더 가까이 가게 해줄 것입니다.

온 세상천지에 아버지가 기능하시는 방법보다 더 좋은 기능 방법이 있을 수 있을까요? 없습니다. 그것이 가장 좋은 것입니다. 믿음에 대해 말씀하실 때 하나님은 그것을 선택적으로 만들어 놓지 않으셨습니다. 아버지께 있어서 믿음은 선택적인 것이 아닙니다. 그것은 명령입니다. 그것은 필수적입니다.

우리가 앞서 보았던 히브리서 11장에서 5절을 보세요. **"믿음으로 애녹은 죽음을 보지 않고 옮겨졌으니 하나님이 그를 옮기심으로 다시 보이지 아니하였느니라 그는 옮겨지기 전에 하나님을 기쁘시게 하는 자라 하는 증거를 받았느니라."**

왜 믿음인가?

두 번째 이유는 믿음은 하나님을 기쁘시게 하는 유일한 방법이기 때문입니다. 다른 대안은 없습니다. 하나님을 기쁘시게 하는 것으로써 하나님이 받으시는 것은 달리 없습니다.

히브리서 11:6은 말합니다. **"믿음이 없이는 하나님을 기쁘시게 하지 못하나니 하나님께 나아가는 자는 반드시 그가 계신 것과 또한 그**

가 자기를 찾는 자들에게 상 주시는 이심을 믿어야 할지니라."

여러분은 "믿어야 한다"must believe라는 단어를 주목해 보셨나요? 하나님께 나아가는 자들은 반드시 믿어야 합니다. 그렇기 때문에 믿음은 선택적인 것이 아니라고 말하는 것입니다.

믿음은 명령입니다.

우리는 반드시 믿음으로 행해야 합니다. 그렇지 않으면 하나님께서 그것을 받을 만한 것으로 여기지 않습니다. 하나님은 그것이 그를 기쁘게 하는 것으로 여기지 않습니다.

우리가 응답받지 못할 때 하나님은 기뻐하지 않습니다. 우리가 이기지 못할 때 그는 기뻐하지 않습니다. 우리가 상처받을 때, 우리의 필요가 채워지지 않을 때, 우리가 승리하지 못할 때 하나님은 기뻐하지 않습니다. 그러므로 여러분이 아버지의 마음을 이해하고 하나님을 기쁘시게 하도록 해야 합니다.

하나님이 여러분을 축복하도록 하세요. 그것이 하나님을 기쁘시게 하는 것입니다. 하나님은 자비를 나타내기를 기뻐하십니다. 하나님은 그의 종의 형통을 기뻐하신다고 시편 기자는 말했습니다. 하나님은 여느 아버지처럼, 여느 좋은 어머니처럼 기뻐하십니다. 하나님은 그의 자녀가 행복하고, 건강하고, 자유하고, 형통하고, 성공하고, 필요가 채워질 때 기뻐하십니다. 하나님은 여태까지 존재했던 분들 중에서 가장 좋은 아버지십니다.

여러분은 믿음으로 생각합니다. 믿음으로 호흡합니다. 믿음으로 먹습니다. 믿음으로 마십니다. 믿음으로 잠을 잡니다. 누가 여러분에게 질문을 하면, 여러분은 그것에 믿음으로 답을 합니다. 여러분은 믿음으로 계획을 세웁니다. 여러분이 그런 식으로 살면, 믿음으로 기도할 것입니다. 여러분의 자녀들에게 믿음으로 말할 것입니다. 믿음으로 줄 것입니다. 믿음으로 일할 것입니다. 믿음으로 직장에 출근할 것입니다. 여러분은 나쁜 태도를 가지고 출근하여 물건을 내던지면서 화를 내는 대신, 사무실이든 가게든 어디서든 열심히 일할 것입니다.

만일 여러분이 "그렇게 해서 무슨 이익이 나오겠어?"라고 말하는 것은 믿음으로 일하는 것이 아닙니다. 믿음은 이익을 확신합니다. 믿음은 하나님께서 이 일을 형통하게 하실 것이라고 확신합니다. 믿음은 이 일이 잘될 것이라고 확신합니다. 그래서 믿음은 여러분이 하는 모든 것에 승리의 영을 줍니다. 믿음의 영은 승리의 영입니다. 그 말을 큰 소리로 따라 하세요. **"믿음의 영은 승리의 영입니다."** 아멘.

믿음은 삶의 방식입니다.

죽는 것이 아니라 사는 방법입니다. 패배가 아니고 승리의 방법입니다. 아버지를 기쁘시게 하는 방법이요, 유일한 방법입니다.

예수님께서 말씀하셨지요. **"나는 항상 아버지를 기쁘시게 하는 일들을 행하노라."** 예수님이 그렇게 말씀하셨으니, 우리도 그와 같이 말해야 합니다. **"나는 항상 아버지를 기쁘시게 하는 일을 행합니다."** 그것이 좋은 고백입니다.

우리가 과거에 어떤 행동을 했더라도 그 고백에 우리의 말을 넣어서 그것을 날마다 말하세요. 그것이 여러분의 마음에 떠오를 때 말하세요. **"나는 항상 아버지를 기쁘시게 하는 일을 행합니다."**

예수님이 요단강에서 세례를 받고 올라오시자 하나님의 성령이 그 위에 임하셨습니다. 아버지께서 말씀하셨습니다. **"이는 내 사랑하는 아들이요 내가 기뻐하는 자라."** 우리는 무엇이 하나님을 기쁘시게 하는지 이미 알고 있습니다. 믿음이 없이는 하나님을 기쁘시게 할 수 없습니다. 그러므로 우리는 예수님이 어떻게 사셨는지 압니다.

예수님은 믿음으로 사셨습니다. 그는 믿음으로 아침에 일어나셨습니다. 그는 믿음으로 옷을 입으셨습니다. 그는 믿음으로 아침을 드셨습니다. 그는 믿음으로 회당까지 걸어가셨습니다. 그는 분명히 믿음으로 설교하셨고, 믿음으로 가르치셨으며, 믿음으로 안수하셨으며, 믿음으로 치유하셨으며, 바리새인들의 비판에 믿음으로 반응하셨습니다.

여러분이 사복음서에서 그의 전 생애를 살펴보면 예수님은 믿음으로 십자가로 가셨고, 믿음으로 그의 영을 포기하고 자신을 아버지의 손에 맡기고 죽으셨습니다. 그는 3일 만에 다시 살아날 것을 믿었는데, 그대로 되셨습니다. 얼마나 놀라운 본보기입니까!

우리는 이 세상을 본받지 않기로 결심합시다. 우리는 부정적인 것에 잡히지 않을 것입니다. 우리는 두려움과 불신앙을 말하지 않을 것입니다. 우리는 미약하고 흔들리는 말을 하지 않을 것입니다.

“글쎄, 그렇게 되겠지… 아마 그리 안 될 거야… 기다려보지 뭐… 난 이런 것에 지쳤어…” 이 모든 것은 다 여러분 주위에서 벌어지는 일입니다. 여러분이 그것을 허용하면 그것이 여러분에게 영향을 미칠 것입니다.

그러나 여러분은 다를 수 있습니다. 여러분은 변화될 수 있습니다. 여러분은 믿음의 영spirit of faith을 가질 수 있습니다.

믿음은 여러분이 사는 방법입니다. 믿음은 여러분이 행하는 방법입니다. 믿음은 여러분이 기능하는 방법입니다.

여러분이 아버지처럼 기능하기 시작할 때, 즉 여러분이 아버지 하나님과 함께 할 때 하나님이 여러분과 함께 하십니다. 여러분은 그분 안에 있고, 그분은 여러분 안에 계십니다.

만일 하나님이 여러분을 위하신다면, 누가 여러분을 이길 수 있겠습니까? 우리가 어둠 가운데서 부르심을 받아 이 믿음의 삶의 빛 안으로 들어왔다는 것이 얼마나 기쁘고 감사한지요! 할렐루야! 우리의 매일 매일의 삶에서 아버지 하나님을 기쁘시게 합시다. 아멘!

배운 대로 행하기

"너희는 말씀을 행하는 자가 되라"(약1:22)

1__ 무엇을 배웠는가?

2__ 무엇을 행할 것인가?

1-2

우리는 믿음으로 살아야 한다

여러분, 〈믿음 학교〉에 오신 것을 환영합니다. 성령께서 오늘 우리들에게 역사해 주셔서 우리가 꼭 들어야 할 말씀을 듣도록 해야겠습니다. 그러므로 우리 모두 믿음의 기도로 합심합시다.

"아버지여, 우리가 이와 같이 함께 모여
우리의 영에 주의 말씀을 먹이고,
주의 성령이 우리에게 역사할 수 있게 하시니 감사합니다!
이제 기도하오니 이 자리에 참석한 모두에게 듣는 귀와
보는 눈을 주시며, 받아들이는 마음과 생각을 주시옵소서.
응답과 방향과 도움을 지금 주시옵소서.
주여, 주님께는 못 하실 일이 없으십니다. 우리가 이기고 승리하여
주님께서 영광 받으시는 것이 주님의 뜻입니다. 응답해 주신 줄 믿고 감사하며
예수님의 이름으로 기도합니다. 아멘!"

우리는 지난 시간에 로마서 1:17을 살펴보았습니다. **"복음에는 하나님의 의가 나타나서 믿음으로 믿음에 이르게 하나니 기록된바 오직 의인은 믿음으로 말미암아 살리라 함과 같으니라."** 이것은 구약과 신약에서 **"의인은 믿음으로 말미암아 살리라"**라는 문구를 되풀이하는 여러 언급들 중 하나입니다. 이 말씀은 하나님께서 우리가 그렇게 살도록 정해놓으신 방법입니다.

우리는 앞 시간에 아버지께서 믿음으로 기능하신다는 것을 배웠습니다. 이것은 하나님 자신이 기능하고 역사하시는 방법입니다. 하나님께서 하늘과 땅을 믿음으로 창조하셨습니다. 그것은 그분이 일하시는 방법입니다. 하나님은 그 자신 안에서 사물을 잉태하십니다. 하나님은 그것이 이루어질 것을 믿고 말씀하십니다. 하나님은 없는 것을 있는 것처럼 부르십니다. 그러면 그대로 이루어집니다.

창세기에 보면, 하나님께서 "빛이 있으라"라고 말씀하셨더니 빛이 있었습니다. 여러분은 믿음의 능력을 이해하려고 하세요. 왜냐하면 우리가 앉아 있는 책상과 마루, 우리가 서 있는 지구, 우리가 호흡하는 공기의 분자들은 믿음이 가득 찬 말을 통해 존재하게 되었기 때문입니다.

우리 영혼의 원수 마귀는 우리가 낮고, 천하고, 감각이 지배하는 삶을 살게 하려고 애쓸 것입니다. 그러나 우리는 절망이나 패배, 혼란이나 두려움 가운데 살 필요가 없습니다.

또 다른 삶의 방법이 있습니다. 여러분은 믿음으로 살 수 있어요.

믿음 안에서 살 수 있어요. 여러분은 우리 하늘 아버지께서 기능하시는 것처럼 기능할 수 있습니다. 하나님은 결코 부정적이지 않아요. 하나님은 결코 패배하지 않습니다. 하나님은 결코 낙담, 의기소침, 절망하지 않습니다. 그것은 믿음이 아닙니다.

여러분은 절망적인 상황에 동의하지 말고 그것을 변화시킬 믿음을 가지세요. 믿음으로 충만한 마음과 믿음으로 충만한 말이 여러분의 삶을 변화시킬 것입니다. 그것이 여러분의 몸을 변화시킬 것입니다. 그것이 여러분의 재정을 변화시킬 수 있습니다. 그것이 여러분의 자녀와 배우자, 여러분의 직장 상황을 변화시킬 수 있습니다.

하나님을 믿는 믿음이 무엇을 할지를 발견하는 것은 신나는 일이 아닙니까? 믿음은 삶의 방법입니다. 우리가 전에 이야기했던 것처럼, 믿음은 교리적 진술이 아니며, 신학적 진술도 아닙니다. "이것이 나의 믿음입니다. 내가 믿는 것들은 이런 것입니다."라고 말할 수 있어야 합니다.

믿음은 인간이 존재하기 전부터 존재했습니다. 그것은 항상 존재할 것입니다. 믿음은 하나님이 기능하는 방법입니다. 믿음은 모든 것이 창조된 방법입니다. 그러므로 성령의 지시에 우리의 영을 열어서 우리의 생각과 인식을 새롭게 하도록 합시다. 언제까지요? 우리가 하는 모든 일이 믿음에서 나오고 믿음에서 믿음으로 이를 때까지!

로마서 1:17을 다시 읽어볼까요. 하나님이 뭐라고 하셨나요? **"복음에는 하나님의 의가 나타나서 믿음으로 믿음에 이르게 하나니."** 믿음은 발전합니다. 믿음은 점진적입니다.

하나님은 우리 모두에게 믿음의 분량을 주셨습니다. 그다음에 그 믿음이 줄어드느냐 발전하느냐, 그것이 약해지느냐 더 강해지느냐 하는 것은 여러분이 그것을 가지고 무엇을 하느냐에 달려 있습니다. 데살로니가 교회를 향해 성령께서 말씀하셨습니다. **"너희 믿음이 더욱 크게 자라는도다."** 그 말은 여러분의 믿음이 발전하고 있다는 뜻인데, 조금이 아니라 더 많이 발전한다는 뜻입니다. 조금씩 더 빠른 속도로 엄청나게 자라고 있는 것입니다. 우리가 그 말을 큰 소리로 고백하는 것이 좋을 것 같습니다.

다 같이 따라 하세요. **"나의 믿음은 크게 자라고 있습니다."** 이것이 하나님의 뜻입니다. 그것이 무슨 뜻입니까? 여러분은 하나님이 기능하고 역사하시는 것처럼 기능합니다. 의인은 믿음으로 행할지니라. **"우리는 믿음으로 행하고 보는 것으로 행하지 않는다"**라고 성경은 말합니다.

예를 들면, 밤에 잠자리에 들 때 믿음으로 자는 방법을 배우세요. 만일 여러분이 밤에 잠들기가 어려운 경우에도 "나는 잠이 안 들어"라는 말을 절대 하지 마세요. 그것은 믿음이 아닙니다.

성경 말씀을 붙잡고 이렇게 말하세요. **"하나님께서 그의 사랑하시는 자에게는 잠을 주시는도다. 아멘."**시127:2 설령 여러분이 이전에 여러 날 밤을 뒤척이며 잠을 못 이루었다 할지라도, 이렇게 말하세요. **"나는 침실로 가서 누울 거야. 나는 잠을 달게 잘 거야. 나는 밤새도록 잠을 쿨쿨 잘 거야. 편안히 숙면을 취할 거야."** 바로 잠이 들지 않는다 할지라도 그것에 영향받으면 안 됩니다.

이제 여러분은 믿음으로 기능하기 시작한 것입니다. 설령 여러분이 원하는 대로 경험하지 못한다고 할지라도 **여러분이 말하고 믿는 대로 이루어질 것을 기대하는 것입니다. 그것이 믿음으로 기능하는 것입니다.** 여러분의 몸에, 여러분의 마인드에 어떤 부정적 변화가 생기더라도 여러분은 잠을 잘 수가 있고 잠을 멋지게 잘 수가 있습니다. 반드시 이루어지기 시작할 것입니다. 효과가 나타나기 시작할 것입니다.

우리가 계속 믿음을 말하는 것이 왜 신학적 진술이 아닌지 그 이유를 알겠습니까? 믿음은 무슨 운동이 아닙니다. 믿음은 우리가 사는 방법입니다. 믿음은 하나님께서 기능하시는 방법입니다.

갈라디아서 2:16을 보세요. **"사람이 의롭게 되는 것은 율법의 행위로 말미암음이 아니요 오직 예수 그리스도를 믿음으로 말미암는 줄 알므로 우리도 그리스도 예수를 믿나니 이는 우리가 율법의 행위로써가 아니고 그리스도를 믿음으로써 의롭다 함을 얻으려 함이라 율법의 행위로써는 의롭다 함을 얻을 육체가 없느니라."**

갈라디아서 2:20입니다. **"내가 그리스도와 함께 십자가에 못 박혔나니 그런즉 이제는 내가 사는 것이 아니요 오직 내 안에 그리스도께서 사시는 것이라 이제 내가 육체 가운데 사는 것은 나를 사랑하사 나를 위하여 자기 자신을 버리신 하나님의 아들을 믿는 믿음 안에서 사는 것이라."**

여러분이 거듭나기 전에는 믿음으로 살지 않고, 눈에 보이는 것으로 행했습니다. 감정으로 살고, 이성으로 살고, 두려움 가운데 살았습니다.

그러나 여러분이 거듭나서 그리스도 안에 있을 때, 20절을 보셨지요? 이는 놀라운 말씀입니다. **"내가 그리스도와 함께 십자가에 못 박혔나니 그런즉 이제는…"** 내가 과거에 살던 방식과는 달라집니다.

"이제 내가 육체 가운데 사는 것은 나를 사랑하사 나를 위하여 자기 자신을 버리신 하나님의 아들을 믿는 믿음 안에서 사는 것이라." 그렇습니다. 나는 이제 믿음으로 삽니다. 믿음 안에서 삽니다.

지금 바울이 이야기하는 것은 그리스도 이전, 즉 거듭나기 전과는 완전히 다른 삶의 방식에 대해 말하고 있다는 것을 여러분은 아시겠습니까?

여러분은 예전, 불신자 때와는 다르게 삽니다. 다르게 생각합니다. 사물을 인식할 때, 여러분은 육신적으로, 자연적으로, 보이는 대로 사물을 볼 수도 있고, 믿음으로 볼 수도 있습니다. 그것에 대해 여러분은 느끼는 대로 말할 수도 있고, 믿음으로 말할 수도 있습니다.

하나님은 모든 상황들에 대해서 생명을 말씀하십니다. 항상 긍정적이고, 항상 빛이고, 항상 생명이고, 항상 사랑이고, 항상 믿음입니다. 여러분은 아침에 일어날 때부터 밤에 잠자리에 들 때까지 모든 생각, 모든 말, 모든 반응이 오직 믿음이라고 말할 수 있습니까? 그 말은 여러분이 성장할 여지가 있다는 뜻입니다. 그러기 때문에 우리가 〈믿음 학교〉에서 공부하고 있는 것입니다.

우리는 계속 주님 앞에 나와서 하나님의 영이 우리의 내면을 변화시켜 주시고, 우리의 마음mind을 새롭게 해주시고, 믿음의 영이 우리의 일부가 되고, 우리의 영과 서로 섞어지도록 도우시게 해야 합니다. 그렇게 해서 여러분은 자신을 훈련할 수 있습니다. 만일 여러분이 버럭 화를 내고, 성질을 부리고, 욕을 하고, 나쁜 언어를 사용하도록 자기 자신을 훈련해 왔다면, 만일 여러분이 지난 30년 동안 그런 행동을 하도록 자신을 훈련했다면, 여러분은 생각도 해보지 않고서 그렇게 했을 것입니다.

그러나 좋은 소식이 있습니다. 여러분은 재훈련될 수 있습니다. 여러분은 다시 훈련될 수 있습니다. 사람들이 자기도 모르게 부정적이 되고, 화를 내며, 욕을 하듯이, 여러분은 자신을 훈련하되, 하나님의 영이신 성령의 도우심으로 여러분의 첫 번째 즉각적인 반응을 **믿음으로 하게 될 것입니다.** 생각할 것도 없이, 여러분은 즉시 그 일에 대해 **좋은 말을 하기 시작할 것입니다.** 여러분은 즉시 그것을 향해 **성경 말씀을 말하기 시작할 것입니다.** 여러분은 즉시 나쁜 것 대신 **좋은 것을 기대하기 시작할 것입니다.** 여러분은 즉시, **"없는 것을 있는 것처럼 부르기"** 시작할 것입니다.

여러분은 이것이 왜 아버지를 기쁘시게 하는지 그 이유를 알고 싶습니까? 하나님은 부정적이고 신성모독으로 가득 찬 세상과 온갖 종류의 끔찍한 일들을 보고 계십니다. 그런 속에서도 우리는 완전히 다른 방식 즉, 하나님 자신이 반응하는 것처럼 반응할 수 있습니다. 어찌 그것이 아버지를 기쁘시게 하지 못하겠습니까? 당연히 하나님 아버지를 기쁘시게 하지요!

갈라디아서 2:20을 다시 보겠습니다. **"그리스도께서 내 안에 사신다."** 여러분 모두 함께 따라 하세요. **"그리스도께서 내 안에 사십니다."** 여러분이 거듭나셨기 때문에 이제는 내 안에 그리스도께서 사신다고 그가 말씀하셨기 때문에, **"이제 내가 육체 가운데 사는 것은,"** 그 말은 나중에 천국에서가 아니고, 바로 지금을 말합니다. 나는 지금 **"나를 사랑하사 나를 위하여 자기 자신을 버리신 하나님의 아들을 믿는 믿음으로"** 이 세상에 사는 것입니다.

만일 이 강의를 듣는 분들 중에 예수님을 마음과 삶 속에 영접한 적이 없었다면, 바로 지금 영접하면 됩니다. 여러분의 믿음으로 이렇게 말하십시오. 〈믿음 학교〉에 오신 여러분도 우리가 다음의 기도를 할 때 나와 함께 큰 소리로 따라 하세요.

"하나님 아버지, 나는 하나님을 믿습니다.
나는 하나님의 아들 예수님이 십자가에서 죽으심으로
내 모든 죄에 값을 치르셨음을 믿습니다.
하나님께서 그를 죽은 자 가운데서 살리신 것을 믿습니다.
지금 주님은 만왕의 왕, 만주의 주로 살아 계십니다.
이제 구하오니 내 마음속에 들어오시옵소서.
내 삶 가운데 들어오시옵소서.
주님과 주께서 나를 위해 행하신 모든 것을 받아들입니다.
예수님의 이름으로 기도합니다. 아멘!" 할렐루야!

만일 여러분이 이 기도를 처음으로 하셨다면, 이제 그리스도가 여러분 안에 들어와 거하십니다. 기름 부음을 받은 자 그리스도가 여러분 안에 사십니다. 혹 여러분 가운데 예전에 예수를 믿었는데 잠시 떠났다가 오늘 다시 돌아오셨다면, 여러분은 이제 구원받지 못한 세상 사람들처럼 살기를 그만두고, "믿음으로 사는 삶"이라는 새로운 방식으로 살 준비가 되었습니다.

"믿음으로 사는 삶"이란 하나님처럼 사는 것이며, 아버지처럼 기능하는 것입니다. **"이제 내가 육체 가운데 사는 것은 나를 사랑하사 나를 위하여 자기 자신을 버리신 하나님의 아들을 믿는 믿음으로 사는 것"**입니다.

이제 바로 그다음 구절을 보십시다. 21절입니다. **"내가 하나님의 은혜를 폐하지 아니하노니 만일 의롭게 되는 것이 율법으로 말미암으면 그리스도께서 헛되이 죽으셨느니라."**

믿음으로 사는 것에 대해 이야기한 후에 바로 이렇게 말합니다.

"내가 하나님의 은혜를 폐하지 아니하노니." 왜 그렇게 말할까요? 이 장 전체를 읽어보면, 그가 무슨 말을 하고 있는지 알 수 있습니다.

은혜와 믿음에 대해서 우리가 이해해야 할 측면이 있습니다. 만일 우리가 믿음으로 살지 않는다면, 하나님의 은혜를 폐하게 됩니다.

왜 그렇게 될까요? 에베소서 2:8을 봅시다. **"너희는 그 은혜에 의하여 믿음으로 말미암아 구원을 받았으니 이것은 너희에게서 난 것이 아니요 하나님의 선물이라."** 여러분은 여러분 자신의 힘으로가 아니라 믿음으로 말미암아 구원을 받았습니다. 그것은 하나님의 선물입니다.

한편, **"은혜에 의하여!"** 은혜가 무엇입니까? "선물"이라는 단어는 "은혜"라는 단어의 의미의 중요한 부분을 묘사합니다. 은혜란, 한 마디로 요약하면, "은혜는 하나님께서 우리에게 주신 모든 것이다." 하나님은 우리에게 새로운 탄생을 주셨습니다. 영생을 주셨고, 구원을 주셨습니다. 그것은 거저 주신 선물입니다. 의, 치유, 보호, 축복 등등. 그러나 우리는 은혜로써 뿐 아니라 또한 믿음으로 말미암아 구원을 받았습니다. 모두 큰 소리로 따라 하세요. **"은혜에 의하여, 믿음으로 말미암아 구원을 받았다."** 아멘!

한편, 우리가 조금 전에 이야기했던 로마서로 가봅시다.

로마서 5:1입니다. **"그러므로 우리가 믿음으로 의롭다 하심을 받았으니 우리 주 예수 그리스도로 말미암아 하나님과 화평을 누리자."**

2절입니다. **"또한 그로 말미암아 우리가 믿음으로 서 있는 이 은혜에 들어감을 얻었으며 하나님의 영광을 바라고 즐거워하느니라."** 이 구절은 **"우리가 그 은혜에 의하여 믿음으로 말미암아 구원을 받았다"**는 말이 무슨 뜻인지를 볼 수 있게 해줍니다.

우리는 믿음으로 은혜에 들어갈 수 있습니다. 이것은 왜 믿음으로 살지 않으면 하나님의 은혜를 폐하게 되는지를 밝혀줍니다. 은혜가 무엇입니까? 은혜는 하나님께서 우리에게 주신 모든 것입니다.

그러면 무엇이 주는 자를 폐하게 합니까? 선물을 받지 않으면 주는 자를 폐하게 할 것입니다. 맞지요? 만일 여러분이 어떤 사람을 위해서 식사를 준비하느라고 최선을 다해 노력했다면, 여러분이 음식을 그들에게 주어서 그들이 먹게 하려고 하는데, 그들이 그것을 받으려 하지 않고, 먹으려고도 하지 않는다면, 그것이 여러분을 폐할 수 있습니다. 혹은 여러분이 누군가에게 선물을 주려고 적합한 품목을 찾아 이곳저곳을 쇼핑 다니다가 마침내 찾아서 값을 지불하고 사서 그 사람에게 줬는데, 그 사람이 받으려고 하질 않아요. 그러면 그것이 주는 자를 폐할 수 있는 것입니다.

우리 아버지는 지금까지 존재한 분 가운데서 가장 위대한 주는 자Giver이십니다. 하나님은 지금까지 주신 것 중에서 가장 좋은 것을 주셨습니다.

그렇다면 무엇이 하나님의 은혜를 폐하게 될까요? 받지 않는 것입니다. 받지 않는 것이라고요! 왜 믿음이 없이는 하나님을 기쁘시게 할 수 없습니까? 아무도 하나님으로부터 받지 않는다면 어떻게 영원토록 가장 위대한 주시는 자인 하나님이 기뻐하고 행복할 수 있겠습니까? 그것은 하나님을 기쁘시게 하지 못할 것이며 그가 주시는 것, 그의 은혜를 폐하게 될 것입니다. 그래서 은혜가 아무리 위대하고, 하나님께서 주신 모든 것이 아무리 놀라워도 그 중에 하나도 누리지 못할 것입니다. 누군가가 믿음으로 받지 아니하면 그 중에 하나도 경험하지 못할 것입니다. 하나님을 찬양합시다.

우리는 **"그 은혜를 인하여 믿음으로 말미암아"** 구원을 받았습니다. 여기서 "구원하다"라는 단어는 성경에서 중요한 단어입니다. 그것은 단지 지옥에서 건졌다는 의미가 아닙니다. 그것은 모든 종류의 나쁜 것들로부터 구했다는 뜻입니다.

여러분이 "나는 구원 받았다"라고 말할 때 그것은 많은 것을 말하고 있습니다. 무엇으로부터 구한 것입니까? 나는 잃어버린 상태로부터 건짐을 받았습니다. 나는 하나님과 분리된 상태로부터 건짐을 받았습니다. 나는 정죄와 죄책감과 수치로부터 구원을 받았습니다. 나는 병든 상태와 젊어서 일찍 죽어야 하는 상태로부터 구원을 받았습니다. 나는 파산하여 나의 필요를 채울 수 없는 상태로부터 구원을 받았습니다.

그러면 내가 어떻게 구원을 받았습니까? 은혜로, 하나님께서 주신 모든 것으로, 그다음에는 믿음으로 구원을 받았습니다. 믿음이란 은혜가 준 모든 것을 받는 손입니다. 그런데 아무도 믿음으로 나서서 손을 내밀지 않을 때, 붙잡으려고 하지 않을 때 은혜를 폐하는 것입니다. 우리는 아침이고 낮이고 밤이고 상관없이 어떻게 붙잡는지를 아는 자들이 되었습니다. 아침에도, 낮에도, 밤에도 믿음으로 사십시오. 할렐루야!

배운 대로 행하기

"너희는 말씀을 행하는 자가 되라"(약1:22)

1__ 무엇을 배웠는가?

2__ 무엇을 행할 것인가?

1-3

믿음으로 사는 법을 알라

여러분, 오늘도 〈믿음 학교〉에 나오신 것을 환영합니다. 〈믿음 학교〉에서 주님은 우리를 만나주시고, 그의 말씀으로 우리를 먹여주시며, 그의 성령으로 우리의 영을 활성화시킵니다. 〈믿음 학교〉에서 주님은 어떻게 살아야 할지, 어떻게 주님을 기쁘시게 할지, 어떻게 이기는 삶을 살지를 우리에게 알려주십니다. 우리 마음을 모아 다 함께 기도합시다.

"아버지 하나님, 지금 세계 도처에서 〈믿음 학교〉에
참여한 우리들이 함께 마음을 모아 기도합니다.
필요한 말씀과 기름 부음을 주시고, 나아갈 방향을 알려 주시옵소서.
우리의 마인드가 새로워짐으로 아버지께서 생각하시는 방법과
일치하여 생각하게 하시고, 완전하며 변치 않는 하나님의 말씀과
일치하여 생각하게 하옵소서.

주님, 우리가 이전과 같지 않게 될 것을 인하여 찬양과 감사를 드립니다.

우리는 살아 계신 하나님의 성령으로 말미암아

영광에서 영광으로 변화되고 있습니다.

우리는 말씀을 행하는 자가 되기로 결심합니다.

예수님의 이름으로 기도합니다. 아멘!"

여러분, 우리는 지금 〈믿음 학교〉에서 믿음을 공부하고 있습니다. 로마서 1:17 **"복음에는 하나님의 의가 나타나서 믿음으로 믿음에 이르게 하나니."** 하나님은 모든 일을 믿음으로 하십니다. 하나님이 우리와 상호작용하시는 모든 것도 믿음으로 하십니다.

만일 여러분이 하나님에 대해서 더 많이 이해하기 원한다면, 첫째로 필요한 것은 공부가 아닙니다. 성경 원어의 지식도 아닙니다. 첫 번째로 필요한 것은 **더 많은 믿음**입니다. 여러분이 말씀을 읽어서 더 많은 믿음을 갖게 될 때, 그 말씀에서 더 많은 것을 얻을 것입니다. 여러분이 가르침과 설교를 듣고 더 많은 믿음을 얻게 되면, 거기서 더 많은 것을 얻게 됩니다. 여러분이 더 많은 믿음을 가지고 말씀을 선포할 때, 더 많은 능력이 나타납니다. 더 많은 효과가 나타납니다. **"믿음으로 믿음에 이르게 하나니 기록된바 오직 의인은 믿음으로 말미암아 살리라 함과 같으니라."** 아멘!

우리는 이전 시간에 믿음은 신학적인 입장이 아니라는 것을 배웠습니다. 믿음은 우리 아버지 하나님께서 기능하시는 방법입니다. 믿음은 하나님께서 항상 역사해 오셨고, 또 항상 역사해 가실 방법입니다. **하나님은 우리에게 하나님을 본받는 자가 되라고 명하셨습니다. 그의 자녀들로서 우리는 아버지 하나님께서 하시는 대로 모방을 해야 합니다. 그렇게 할 때 우리는 하나님처럼 살고 기능하는 법을 배우게 됩니다.**

하나님은 이 땅에 사는 사람들처럼 기능하지 않습니다. 하나님은 보는 것으로 행하지 않습니다. 하나님은 감각적 인식에 근거하여 결정을 내리지 않습니다. 하나님은 결코 부정적이지 않습니다. 결코 우울해 하지 않습니다. 결코 두려움에 굴복하여 패배를 당하지 않습니다. 하나님은 언제나 생명을 주는 빛으로 기능하십니다.

더 좋은 사는 방법이란 없습니다. 더 좋은 기능하는 방법은 없습니다. 그래서 하나님이 그의 자녀인 우리에게 명하셨습니다.

"너는 나처럼 살아라. 너는 나처럼 기능하라."

그것은 매일 믿음 안에서 사는 것입니다.

"의인은 믿음으로 말미암아 살리라."라고 로마서가 말합니다. 갈라디아서에서도, 히브리서에서도, **"의인은 믿음으로 말미암아 살리라."** 라고 말합니다. 고린도후서 5:7에서는 이렇게 말합니다. **"이는 우리가 믿음으로 행하고 보는 것으로 행하지 아니함이로라."**

여러분은 어떻게 믿음으로 행합니까? 한 번에 한 걸음씩입니다! 로마서 4장을 보세요. 아브라함이 어떻게 하나님을 따랐습니까? 아브라함은 믿음으로 살고 믿음으로 행한 탁월한 본보기로서 인정받습니다.

그는 어떻게 그렇게 했습니까? 그는 하나님이 그를 어디로 인도해

가는지 알지 못했습니다. 그는 그저 "집을 떠나서 내가 네게 말하는 곳으로 가라"는 말씀을 듣고 믿음으로 출발했을 뿐입니다.

그는 짐을 꾸려서 어디로 갈지 알지도 못한 채 한 걸음씩 가야 했습니다. 그러나 한 걸음이 그다음 걸음으로, 또 그다음 걸음으로 그를 인도하여 마침내 하나님이 원하시는 곳으로 갔습니다.

하나님은 그를 여러 상황들로 인도하셨습니다. 우리가 아브라함의 일생을 읽어보면, 걸음걸음이 기적의 연속이었는데, 그것은 그가 믿음으로 따라갔기 때문이죠. 고로 우리도 우리 조상 아브라함의 믿음의 자취를 따르면 됩니다.

자, 갈라디아서를 봅시다. 우리가 지난 시간에 갈라디아서 2장에서 **믿음으로 사는 삶**에 대해 이야기했습니다. 갈라디아서 2:20은 이렇게 말합니다. **"내가 그리스도와 함께 십자가에 못 박혔나니 그런즉 이제는 내가 사는 것이 아니요 오직 내 안에 그리스도께서 사시는 것이라."**

그 구절을 다 같이 따라 하세요. **"내 안에 그리스도께서 사십니다." "그리스도가 내 안에 사십니다."** "이제 내가 육체 가운데 사는 것은" 이 말은 육체의 삶을 말하는 것이 아니라, 우리의 몸으로 행하는 것을 말합니다. **"나를 사랑하사 나를 위하여 자기 자신을 버리신 하나님의 아들을 믿는 믿음 안에서 사는 것이라."**

그런 다음 21절에서 이렇게 말합니다. **"내가 하나님의 은혜를 폐하지 아니하노니."** 우리가 어떻게 하나님의 은혜를 폐하게 되는지를 앞 시간에 이야기했습니다. 믿음으로 살지 않으면 은혜를 폐합니다.

우리는 율법으로 살지 않습니다. 우리는 해야 한다, 혹은 하지 말아야 한다와 같은 규정을 지킴으로 살지 않습니다. 거듭난 신자 안에 있는 하나님의 영이 모든 상황에서 무엇이 옳은지, 무엇이 그른지를 알게 해줍니다. 무엇을 해야 하고 무엇을 하지 말아야 할지를 알게 해줍니다. 매일 수천수만 가지의 문제들에 대한 **해답은 영의 인도를 받는 것입니다.** 성령 곧 은혜의 성령의 기름 부음과 증거를 따르십시오.

그러면 **하나님의 은혜가 무엇입니까?** 앞에서 이야기했듯이 은혜란 하나님께서 주신 모든 것을 말합니다. 하나님께서는 모든 것을 거저 주셨습니다. 그 말은 받을 자격이 없는, 일하지 않고 얻은, 거저 주시는 선물이라는 뜻입니다.

왜 하나님이 그것을 우리에게 주셨나요? 여러분이 너무 똑똑하고 잘나서가 아닙니다. 여러분이 모든 것을 옳게 행해서가 아닙니다. 하나님께서 은혜를 여러분에게 주신 것은 **그가 여러분을 사랑하시기 때문입니다.** 우리가 그것을 벌어서 얻은 것이 아니었습니다. 우리가 그것을 받을 자격이 있었던 것이 아니었습니다. 그런데도 그것이 우리 것이 되었습니다. 우리는 그것을 받아 누릴 수 있습니다. **하나님이 은혜로 주신 것은 믿음으로 소유해야 합니다.** 그렇지 않으면 그것을 누리지 못할 것입니다.

이것은 그리스도인이 되고서도 이해를 하지 못하는 가장 큰 이슈 중의 하나입니다. 내가 보기에 너무도 많은 교회 다니는 사람들이,

하나님을 믿으면서도 날마다, 달마다, 해마다 그들이 경험하는 것이 하나님의 뜻인 것들을 경험하지 못하고 있습니다.

사람들은 이렇게 말합니다.

"나는 주님께 일천 번이나 그것을 해달라고 기도했어요. 나는 그것을 요청했습니다. 간구했습니다. 애걸했습니다."

잠깐, 여러분이 그렇게도 간절히 기도했는데 왜 하나님께서 그 기도대로 해주지 않으실까요?

모든 것이 하나님께 달렸다는 일반적인 오해잘못된 개념가 있습니다. 은혜는 하나님께서 주신 모든 것입니다. 믿음으로 살지 않으면 은혜를 폐하게 됩니다. 무엇이 주시는 분을 폐하게 합니까? 주시는 선물을 받지 않는 것이죠.

기독 신자들과 교회들에서 다음과 같이 말하는 걸 들어보셨나요. "우리가 해야 할 일은 말이야, 그저 손을 떼고 하나님이 하시게 하는 거야." 이것이 그리스도인들 사이에서 흔히 하는 말입니다. 우리는 그저 손을 떼고 하나님이 하시게 하면 된다는 것입니다.

그것이 무슨 말입니까? 만일 여러분이 염려나 걱정거리에서 손을 떼고, 하나님을 의지하라고 말한다면, 그것은 맞는 말입니다.

그러나 많은 경우에 사람들은 딴 뜻으로 그렇게 말합니다.

"당신이 뭘 하려고 하지 말고 하나님께 맡겨서 하나님이 하시게 하라고! 그냥 하나님께 맡기면 돼."

그것이 문제입니다. 왜냐하면 그것은 책임을 하나님께 지우려고 하는 것이기 때문입니다. 우리 몫이고, 우리가 해야 할 일인데 말입니다. 하나님께서 우리에게 하라고 맡겨주신 거예요.

디모데전서 6:12을 읽어봅시다. 뭐라고 말하죠?

"믿음의 선한 싸움을 싸우라!" 이 말이 여러분에게 아무것도 하지 말라는 것 같이 들리나요? 아닙니다. 우리가 싸워야 할 싸움이 있다는 것입니다. 하나님과 싸우는 것이 아닙니다.

그러면 무엇과 싸워야 합니까? 원수가 있습니다. 도둑질하고, 죽이고, 멸망시키기 위해 찾아온 마귀와 그의 군대들이 있습니다. 원수 마귀가 활동하는 주된 영역 중 하나는 **생각을 가져다주고, 느낌을 가져다줘서 우리가 부정적이 되고, 의심하고, 두려워하도록 영향을 미치는 것입니다.** 믿음의 선한 싸움을 싸우는 것은 하나님으로 하게 하시는 것인가요? 하나님께 맡기는 것인가요? 아닙니다.

여러분, 여기는 〈믿음 학교〉입니다. 모든 학교에는 교과서가 있습니다. 우리의 교과서는 성경입니다. 성경 말씀을 통해 우리가 지금까지 들었던 모든 것, 우리가 지금까지 생각했던 모든 것을 바꾸도록 해야 합니다.

하나님께서 우리를 위해 준비해 놓으신 축복들을 누리는 것에 있어서는 원수 마귀가 여러분이 그 축복을 받지 못하게 이런저런 말로 방해할 것입니다. 그가 여러분 사이에 끼어들어 방해할 것입니다. 하나님께서 이스라엘 백성들에게 약속의 땅을 주셨을 때, 그곳에 거인들이 있었습니다. 성벽을 두른 성들이 있고, 철병거들과 장대한 군인들이 있었습니다. 그들은 싸워야 했습니다. 하나님께서 그들에게 주신 것을 누리기 위해서는 저항 세력을 돌파해야 했습니다.

마찬가지입니다. 하나님께서 여러분에게 축복들을 주셨을지라도, 여러분은 어둠으로 가득 차고, 저주로 가득 찬 여기 이 땅에 살고 있어요. 원수 마귀가 옆에 가만히 앉아 있기만 할까요? 그는 여러분을 대적할 것입니다. 모든 면에서 여러분에게 대항할 것입니다. 그는 이런저런 말로 여러분을 방해할 것입니다. 그는 여러분을 지치게 하고 피곤하게 해서 그만두게 하려고 기를 쓸 것이고 믿음으로 사는 것입니다.

그러나 믿음으로 사는 것에는 그만두고 포기하는 일이 포함되어 있지 않아요. 믿음으로 사는 것에는 자포자기가 들어 있지 않습니다. 여러분은 매일 눈을 뜰 때 이렇게 말하십시오.

"나는 믿음의 하나님의 믿음의 자녀다. 나는 하루 종일 하나님을 기쁘시게 할 거다." 그 말은 **"나는 하루 종일 나의 믿음으로 기능할 것이다. 나는 믿음을 생각할 것이다/나는 믿음을 말할 것이다/나는 믿음으로 행할 것이다."**라는 뜻입니다. 할렐루야! 그렇게 할 때, 그것이 **믿음으로 붙잡는 것이고 믿음으로 사는 것**입니다.

그것은 "하나님이 하시게 하라"는 말과는 크게 다릅니다. 은혜와 믿음: 이 말은 모두가 은혜도 아니고, 모두가 믿음도 아닙니다.

은혜는 하나님께서 주신 모든 것입니다.

믿음은 우리가 어떻게 그것을 내 것으로 붙잡는가 하는 것입니다.

믿음은 우리가 어떻게 그것을 받느냐 하는 것입니다.

믿음은 우리가 어떻게 그것을 경험하느냐 입니다. 그러한 믿음은 얼마간 싸움이 필요합니다. 하나님과 싸우는 것이 아니고, 원수 마귀가 우리를 대적하고, 우리를 방해하려고 하는 것을 싸워서 극복하는 것입니다.

믿음에는 붙잡는 것이 포함되어 있습니다. 믿음에는 **"그건 내 것이야!"**라고 말하는 강인한 끈기가 들어 있습니다. **"나는 내가 그걸 받은 줄로 믿는다. 나는 내가 보는 것/내가 느끼는 것, 내가 듣는 것, 의사가 말하는 것에 관심이 없다. 나는 내가 받은 줄로 믿는다. 나는 치유를 받은 줄로 믿는다. 치유는 내 것이다!"** 이렇게 해야 합니다.

여러분은 **믿음의 말로 붙잡습니다.** 여러분은 모든 틀린 생각과 느낌을 싸워서 이깁니다. 그리하여 여러분은 하나님이 여러분을 만드신 바로 그런 존재, 곧 이기는 자가 됩니다. 승리하는 자, 이기는 자, 결과를 보는 자, 기도 응답을 받는 자, 물질적, 재정적 필요가 충족되는 자, 여러분의 아픈 몸에 치유가 이루어지는 자, 성공과 승진과 향상과 축복을 받아 하나님께 영광 돌리는 자가 됩니다.

이 문제에 있어서 한 걸음 더 나아갑시다.

로마서 5:2에서 그것을 다시 한번 보겠습니다. **"또한 그로 말미암아 우리가 믿음으로 서 있는 이 은혜에 들어감을 얻었으며."**

그리고 에베소서 3:12입니다. **"우리가 그 안에서 그를 믿음으로 말미암아 담대함과 확신을 가지고 하나님께 나아감을 얻느니라."**

여러분은 "나아간다"access라는 단어를 들어보셨나요? 로마서에 그 단어가 나왔는데, 에베소서에서 다시 보게 됩니다.

믿음은 여러분을 무엇에게로 나아가게 합니까? 은혜지요. 은혜란 하나님께서 공급해 주신 모든 것입니다. 많은 신자들이 아직도 여전히 하나님께 뭘 달라고 해요. 이미 주셨는데 말입니다.

"하나님, 내가 재정적으로 필요로 하는 것을 주세요. 하나님, 내게 필요한 힘을 주세요. 하나님, 내게 치유를 주세요." 그것은 잘못된 기도예요.

하나님께서 응답하실 수 없는 기도가 있다고 말씀드렸지요. **하나님께서 이미 해놓으신 일을 하나님께 또 해달라고 기도하면 그런 기도에 하나님이 어떻게 응답할 수 있겠어요?** 하나님께서 다 해놓으셨다면, 여러분이 이렇게 기도하는 것과 같아요.

"하나님, 아무개는 불신자입니다. 그는 주님을 알지 못합니다. 주여, 그를 구원해 주십시오. 제발 비오니 그를 구원해 주세요."

그것이 무슨 뜻입니까? 예수님은 이미 십자가에서 그들의 죄를 담당하셨고 대가를 지불하셨습니다. 그리고 이미 부활하셨습니다. 그들을 구원하기 위해서 예수님이 또 무슨 일을 하실 필요가 없습니다.

내가 무슨 말을 하는지 아시겠어요? 많은 기도가 **낭비하는 기도**입니다. 무지해서 그렇습니다. 하나님이 이미 해놓으신 것을 하나님께 해달라고 애를 쓰는 거예요. 그런 기도에는 하나님이 응답하실 수 없습니다. 하나님께서 이미 다 해놓으셨으니까요.

성경은 주님께서 제자들에게 추수할 일꾼을 보내주시도록 기도하라고 말합니다. 이것이 전도를 위한 효과적인 기도입니다. **"그들의 눈이 열리고 이해와 총명이 밝아지게 하옵소서. 주여, 그들의 길에 추수할 일꾼을 보내주시옵소서. 그들의 눈을 열어 주옵소서. 그들의 마인드와 생각에 역사하는 흑암의 권세를 예수의 이름으로 끊습니다."**

하나님이 응답하실 수 없는 또 다른 기도는 하나님이 **우리에게 하라고 하신 것들을 하나님이 하게 해달라**고 애쓰는 기도입니다. 하나님은 그런 기도에 응답하실 수 없어요.

하나님의 방법이 최고이기 때문에, 하나님의 방법이 옳습니다. 하나님의 방법이 역사합니다. 우리가 할 일은 믿음으로 붙잡는 것입니다. 우리가 할 일은 받는 것입니다. 은혜는 생명과 경건에 속한 모든 것을 이미 우리에게 주셨습니다. 은혜는 그리스도 예수 안에서 하늘에 속한 모든 축복으로 이미 우리에게 복을 주셨습니다. 은혜는 새로운 탄생, 의, 거룩함, 치유, 성령의 충만함, 우리의 모든 재정적 필요, 평안, 기쁨을 우리에게 주셨습니다. 예수님이 십자가에서 **"다 이루었다"**라고 선언하셨습니다. 그가 죽은 자 가운데서 일어나 모든 것에 승리하시고, 지극히 높으신 하나님 우편에 앉으셨을 때, 그것은 은혜가 우리에게 모든 것을 주셨다는 표시였습니다.

로마서는 이렇게 말합니다. **"자기 아들을 아끼지 아니하시고 우리 모든 사람을 위하여 내주신 이가 어찌 그 아들과 함께 모든 것을 우리에게 주시지 아니하겠느냐."** 하나님께서는 이미 우리에게 필요한 모든 것을 주셨습니다. 우리는 하나님께서 **이미 하신 것**을 우리에게 또 해달라고 간구하기를 그만두어야 합니다. 우리는 하나님이 우리의 역할을 하게 하려는 일을 그만두어야 합니다.

사랑하는 여러분, 여러분의 영이 이것을 깨달을 때 흥분하게 될 것입니다. 그것이 여러분의 마음을 흔들어 놓을 것입니다. 여러분이 깨달으면, 나를 고쳐 달라고 애걸할 필요가 없습니다. 사람들을 구원해 달라고 애걸할 필요가 없습니다. 나의 필요를 공급해 주고 채워달라고 애걸할 필요가 없습니다. 이런저런 것들을 해달라고 애걸할 필요가 없습니다. 내가 할 일을 하나님이 해달라고 할 필요가 없습니다.

내가 **믿음으로 붙잡으면** 됩니다. 붙잡으세요, 믿음으로 손을 뻗어서 이렇게 말하세요. **"만일 하나님께서 나와 우리 모두에게 그것을 사주셨다면, 그것에 값을 지불하시고 그것을 얻어서 나에게 주시기 위해 고통을 당하셨다면, 이제 나는 그걸 받아서 누릴 것입니다. 나는 그걸 믿음으로 취하겠습니다. 나는 내가 받은 줄로 믿습니다."**

"받는다"receive는 단어는 "취한다"take는 뜻입니다. 나는 지금 그것을 취한 줄로 믿습니다. 내가 보거나 느끼는 것으로가 아닌, 믿음으로 그것을 취한 것으로 믿습니다.

사랑하는 여러분, 종교적 전통으로 살면서 애걸하는 대신, 그렇게 믿음으로 살기 시작할 때 여러분은 예수의 이름으로 승리를 경험하게 될 것입니다. 아멘.

배운 대로 행하기

"너희는 말씀을 행하는 자가 되라"(약1:22)

1__ 무엇을 배웠는가?

2__ 무엇을 행할 것인가?

1-4

믿음의 **선한 싸움을** 싸우라

안녕하세요, 여러분! 믿음은 하나님을 기쁘시게 합니다. 그것은 우리가 이기는 방법입니다. 하나님께서는 여러분과 나에게 더 높은 곳에 오르는 방법을 가르쳐주길 원하십니다. 그러므로 다 함께 기도합시다. 이 시간 믿음을 풀어놓읍시다.

"아버지 하나님, 예수의 이름으로 우리 모두가 함께 모였습니다.
이 강의를 통해 전 세계 사람이 모여 우리의 믿음을 풀어놓으며
간구합니다. 꼭 맞는 말씀과 기름 부음과 방향을 주시옵소서.
세계 도처의 우리 모든 성도들이 정해진 날과 때와
상황에 필요로 하는 것을 오직 하나님만이 아십니다.
지금 우리에게 필요한 것을 구합니다. 우리는 그것을 받아,
말씀을 행하는 자가 됨으로 아버지께 영광을 돌립니다.
예수의 이름으로 기도합니다. 아멘!"

이전 강의에서 우리는 로마서 1:17을 배웠습니다.

"복음에는 하나님의 의가 나타나서 믿음으로 믿음에 이르게 하나니." 하나님이 하시는 모든 것은 옳습니다. 그의 방법들은 모두 옳으며, 그의 옳은 방법과 일들은 모두 복음에 나타나 있습니다.

그러나 단지 그것이 나타났다고 해서 여러분이 그것을 얻게 된다, 혹은 그것을 이해하게 된다는 뜻은 아닙니다. 우리는 이 계시를 믿음으로 받습니다. 그리고 우리의 믿음이 자랄수록 우리는 더 많이 보고, 더 많이 이해합니다.

그러나 여러분이 이 말씀을 믿지 아니하면, 그것에서 아무것도 얻지 못할 것입니다. 만일 여러분이 이런 말씀을 하신 창조주를 존중하지 아니하고, 존경과 경외를 보이지 아니하면, 여러분이 아무리 자신을 똑똑한 사람이라고 생각한다 해도 성경은 여러분에게 닫힌 책이 될 것입니다.

하나님의 성령이 우리의 이해를 조명해 주는 것이 필요합니다. 하나님이 **여러분의 눈을 열어 주셔야만** 여러분이 성경을 볼 수 있습니다. **여러분의 귀를 열어 주셔야만** 그것을 들을 수 있습니다. **여러분의 마음을 열어 주셔야만** 그것을 이해할 수 있습니다.

만일 여러분이 이제 시작하신다면, 성경은 말했습니다.

"여호와를 경외하는 것이 지식의 근본시작**이라."**

여호와를 경외한다는 것은 여호와 주님을 경외하고 존경한다는 뜻입니다. 그것은 여러분이 똑똑한 것으로 출발하지 않습니다. 여러분이 공부를 많이 한 것으로 출발하지 않습니다. 여러분이 교육받는 것으로 출발하지 않습니다.

그것은 **여러분이 믿음으로써, 믿음을 가짐으로써 출발합니다.**

믿는 것은, 즉 **믿음은 지식이 아닙니다.**

믿는 것은 이해하는 것이 아닙니다.

믿음은 영적인 힘spiritual force**입니다.**

믿음은 영에 속한 것입니다.

성경은 말하기를 **"사람이 마음으로 믿는다."**라고 했습니다.

여러분의 머리로 믿는 것이 아닙니다.

여러분의 지성으로 믿는 것이 아닙니다.

믿음은 마인드에서 나오는 것이 아닙니다.

잠언 3장에 말하기를 **"너는 마음을 다하여 여호와를 신뢰하고 네 명철을 의지하지 말라."**고 했습니다. 그러므로 명철이해하는 것과 마음은 같은 것이 아닙니다. 여러분은 머리로 믿지 못합니다. 마음으로 믿습니다. 믿음은 힘입니다. 믿음은 선택입니다.

여러분이 믿기로 선택할 때 오직 그때에만 여러분은 보기 시작하고, 이해하기 시작할 것입니다. 그리하여 여러분의 믿음이 강해질수록 성경이 여러분에게 계속 열리게 됩니다.

만일 여러분의 믿음이 오늘보다 내일 훨씬 더 강해진다면, 여러분은 어제 축복이 된 바로 그 성경 말씀을 더 잘 이해할 수 있습니다. 그래서 그 이튿날, 여러분은 전에 보지 못했던 것들을 더 큰 믿음을 가지고 보게 될 것입니다. 그것이 거기에 있었는데, 왜 그것을 보지 못했던가? "그것이 나타났던 것입니다."

어떻게요? 여러분, 나를 따라 큰 소리로 말하세요. **"믿음에서 믿**

음으로!" 바로 그렇게 해서 하나님의 것들이 우리에게 나타나는 것입니다. 그래서 이것이 사람들의 많은 질문에 해답을 주는 것입니다.

브랜슨과 사라소타에 있는 우리 Faith Life Church 성도들과 우리와 함께 하는 모든 사람들은 월요일부터 금요일까지 매일 성경을 한 장씩 읽습니다. 우리는 같은 장을 읽고, 그것에 대해 이야기를 나눕니다. 왜 그렇게 할까요? 우리는 그것을 부차적인 일로 하지 않습니다. 우리는 하루가 다 지나고 몸이 지쳐 녹초가 되었을 때 하지 않고, 가장 머리가 맑을 때 성경을 읽기를 원해요. 핸드폰도 꺼놓고, TV도 끄고, 말씀에 집중하되, 존경심을 가지고 읽어야 합니다.

성경을 읽기 전에 뭔가 좋은 것을 기대해야 합니다. 여러분에게 축복이 되고, 응답을 얻고, 여러분에게 닫혀 있던 것들에 눈이 열리는 말씀을 듣기를 기대합니다.

그것이 무엇이지요? 바로 믿음입니다. 더 많은 믿음을 가질수록, 더 많은 것을 얻게 됩니다. 그것은 사이클입니다. 왜냐하면, **믿음이 어떻게 오지요? 믿음은 들음에서 오고 들음은 말씀을 들음에서 옵니다.**

그러므로 여러분은 더 많은 믿음으로 성경을 읽고, 그다음에는 말씀을 듣습니다. 그러면 더 많은 계시적 깨달음과 더 많은 믿음을 얻게 되지요. 그런 다음에는 다른 때보다 더 많은 믿음으로 성경을 읽습니다. 그러면 더 많은 빛을 얻게 되지요. 더 많은 생명, 더 많은 빛, 더 많은 감동, 더 많은 응답…

그러나 여러분이 해이해져서, "나는 너무도 바빠요."라고 한다면,

그것은 너무 바쁜 것이 아닙니다. **그것은 말씀에 대한 존경심이 너무도 없는 것입니다. 하나님의 말씀이 여러분의 삶에서 자리를 잡지 못한 것입니다.**

"나는 성경 읽을 시간이 없어." 그것은 시간의 문제가 아닙니다. 그것은 존경의 부족의 문제이고, 중요하게 여기지 않는 문제인데, **결국은 믿음의 결여 문제입니다.** 작은 믿음은 작은 계시적 깨달음을, 강한 믿음은 많은 계시적 깨달음을 얻기 마련입니다. 여러분, 이해가 됩니까?

아주 중요한 것이 생각났어요. 내 말은 여러분의 마인드에서는 이런 식으로 생각할 거예요. 내가 전에 교회 다닐 때는 굉장한 것을 얻었어요. 그러나 지금은 과거에 내가 얻었던 것보다 더 많은 것을 얻게 됩니다. 여러분, 나는 내 성경을 읽을 때 많은 좋은 것들을 얻었습니다. 그러나 나는 지난주보다, 작년보다, 오늘 더 많은 것을 얻을 것입니다. 왜 그렇죠? **"믿음으로 믿음에 이르게 하나니 기록된바 오직 의인은 믿음으로 살리라 함과 같으니라."**

우리는 이전 시간에 이 표현이 여러 번 나온 것을 보았습니다. 구약에도 나오고, 히브리서에도 나오고, 갈라디아서에도 나오고, 여기서도 나오는데, 정확히 똑같은 표현입니다. **"의인은 믿음으로 말미암아 살리라."**

믿는 자가 무엇입니까? 어떻게 거듭납니까? 믿음으로죠. 의인은 믿음으로 행하고 믿음으로 살아야 합니다. 믿음은 하나님께서 기능하는 방법이라고 우리가 말했습니다. 믿음은 하나님께서 모든 것, 모든 창조를 행하신 방법입니다. 믿음은 하나님께서 우리를 다루시는 방법입니다.

여러분이 실수를 하는데, 똑같은 영역에서 똑같은 실수를 백 번이나 할 수 있는데도 하나님은 여러분을 포기하지 않으셨다는 것을 아셨나요? 그는 믿음의 하나님이십니다. 그는 여러분이 그것을 함께 훌륭히 해내기를 기대하십니다. 하나님은 내가 이기기를 기대하십니다. 하나님은 우리가 올라가기를 기대하십니다. 하나님은 여러분과 내가 이 세상을 살아갈 위대한 계획을 가지셨습니다.

여기는 〈믿음 학교〉입니다. 그러나 사실은 삶의 모든 것이 〈믿음 학교〉입니다. 우리는 여기 이 땅에 잠시 있는 것입니다. 그 이유는 하나님께는 천 년이 하루 같기 때문입니다.

하나님의 시간에 의하면, 우리는 여기 이 땅에 한두 시간 있으면서 믿음으로 살고, 믿음으로 행하고, 믿음으로 생각하고, 믿음으로 말하고, 믿음으로 반응하는 법을 배우는 것입니다. 그것은 하나님이 하시는 것처럼 한다고 말하는 또 다른 방법입니다. 왜냐하면 하나님께서 훨씬 더 큰 것들을 위해 우리를 손질하시고, 우리를 준비시키기 때문입니다. 우리는 하나님의 영원한 나라에서 하나님과 함께 다스리고 왕 노릇하도록 미리 정해졌고 미리 예정되었기 때문입니다.

그러나 그것에 크게 강조를 둘 필요는 없습니다. 왜냐하면 우리는 여기서 거기까지 가야 하기 때문입니다. 한 곳에서 다른 곳으로 어떻게 갑니까? 걸어가죠. 걸음을 옮기는 것입니다.

그것을 어떻게 합니까? 우리는 믿음으로 걷습니다. 우리는 오늘 살아야 하고 내일도 살아야 합니다. 그것을 어떻게 하는 것입니까? 그것을 성공적으로 하는 유일한 방법은 믿음으로 사는 것입니다.

다시 디모데전서 6장으로 가봅시다. 디모데전서 6:12에 보면 우리에게 **"믿음의 선한 싸움을 싸우라 영생을 취하라"**고 했습니다.

내가 한번은 중병에 걸린 한 부인에게 사역을 하고 있었습니다.

의사들이 그녀에게 말하기를 치료제도, 치료법도 없다고 했습니다.

그래서 내가 그녀에게 말했습니다.

"증상을 대적하여 물리치고, 믿음의 선한 싸움을 싸우세요."

그녀는 울기 시작했어요. 이렇게 말했습니다.

"나는 싸우고 싶지 않아요. 나는 싸우는 자가 아닙니다."

내가 말했습니다.

"아, 그러세요. 그럼 죄송합니다, 부인."

싸우지 않으면 유일한 선택은 파멸이요, 패배를 당하는 것입니다. 우리는 지구라는 이 땅의 호된 환경 속에 살고 있습니다. 우리에게는 항상 도둑질하고 죽이고 멸망시키려고 오는 마귀와 그의 군대라는 대적이 있습니다. 우리가 믿음의 선한 싸움을 싸우지 아니하면, 우리는 마귀에게 먹힐 것이고, 파멸될 것입니다. 원수 마귀는 잔인합니다. 그러나 우리는 무력하지 않습니다. 우리는 불운한 희생물이 아닙니다.

더 크신 분, 더 강하신 분, 더 지혜로우신 분, 더 위대하신 분이 우리 안에 계신다고 성경은 말합니다. **"내 안에 계신 분이 세상에 있는 자보다 더 크십니다."**라고요.

그러나 싸우느냐 마느냐 하는 것은 우리가 결정해야 합니다. 이전 강의에서 이 부분에 관한 이야기를 했습니다. 우리가 해야 할 일몫이 있습니다.

믿음은 은혜가 공급해 놓은 것을 붙잡는 것입니다. 나는 과거에 거의 40년간 사역을 하면서 놀라운 치유와 놀라운 해방을 목격했습니다. 바로 지금 말기 암에 걸린 두 여성이 생각나는데, 둘 다 케이스도 다르고, 사는 지역도 달랐습니다. 그들의 말에 의하면, 몸이 너무도 황폐화 되고 장기들이 심하게 파손되어서 그들이 할 수 있는 일이라고는 통증 완화 약을 복용하는 것이 전부였습니다.

한 여성은 50년 전의 일인데, 지금도 여전히 살아 있고 치유된 상태로 잘 지내고 있습니다. 다른 여성도 40년 정도 전의 일인데, 오늘날까지 살아 계십니다. 그런데 이들 두 여성에게 공통적인 것이 있었습니다. 이 같은 큰 기적을 받은 모든 사람들에게 공통적인 것이 무엇인지 아세요? 바로 그들은 **싸우는 자**였던 것입니다.

다시 나와 함께 큰 소리로 따라 하세요.

"믿음의 선한 싸움을 싸우라!"

또 뭘 하라고요? **"붙잡아라!"**[한글번역에는 **"취하라!"**]

사람의 종교, 사람의 전통 종교에서는 여러분에게 싸우는 자 말고, 애걸하는 자가 되라고 가르칠 것입니다. 하나님께 이렇게 애원하라고요.

"제발, 제발 저를 고쳐주세요. 제발, 비오니 저를 고쳐주세요. 제발, 하나님, 저의 필요를 채워주세요. 제발, 하나님, 제 몸을 고쳐주세요. 제발 하나님, 제발 하나님…."

그러나 하나님께서는 우리에게 애걸하라고 말씀하신 적이 없습니다.

우리가 이미 이야기했습니다만, **하나님께서 도무지 응답하실 수 없는 기도가 있습니다.**

어떤 기도에 응답하지 않나요?

첫째는, **하나님께서 이미 해놓으신 것을 하나님은 응답하실 수 없습니다.** 만일 하나님께서 이미 해놓으신 것을 또 하나님께 해달라고 기도한다면, 어떻게 하나님이 그런 기도에 응답할 수 있겠어요? 하나님은 하지 않으실 것입니다.

둘째는, **하나님이 여러분에게 하라고 명하신 것을 하나님은 응답하실 수 없습니다.** 만일 여러분이 해야 할 부분을 하나님께서 하도록 하려고 한다면, 하나님은 "그것은 네가 해야 한다"라고 말씀하십니다.

예를 들면, **"마귀를 대적하라 그리하면 너희를 피하리라."**라고 성경은 말합니다. "대적하라."의 주어는 바로 여러분입니다. 즉 여러분이 **"마귀를 대적하라 그러면 그가 여러분을 피할 것이다."**

그런데 수백만의 교회 다니는 착한 사람들이 하나님께 "마귀를 떠나게 해달라"고 애걸하고 있습니다.

"제발 하나님, 마귀가 그만두게 해주세요. 제발 하나님, 마귀를 막아주세요." 그것은 헛된 기도입니다. 하나님께서 여러분에게 하라고 하신 것을 여러분은 하나님께 해달라고 간구하고 있는 것입니다.

믿음으로 사는 것은 싸움을 수반합니다. 나는 앞에서 말한 그 두 여성을 생각합니다. 나는 그들의 간증을 알고 있습니다. 그들은 둘 다 목사님의 부인이었어요. 그 많은 세월을 보낸 후에 지금도 살아 계십니다. 전혀 희망이 없었고, 전혀 도움 받을 길이 없었습니다. 그러나 그들은 그것을 받아들이지 않았습니다. 그들은 의료인들이 그들에게 해주신 것에 감사했습니다.

그러나 그들은 그들 자신의 영으로 이렇게 말했습니다.

"나는 끝나지 않았어. 남편이 나를 필요로 해. 우리 가족이 나를 필요로 해. 우리 교회가 나를 필요로 해. **하나님께서 이 병을 내게 보내신 것이 아니야. 하나님은 나의 생명을 단축시키지 않으셔. 하나님께서 나의 연약한 것을 가져가셨어. 하나님께서 나의 질병을 담당하셨어. 하나님께서 나의 통증을 가져가셨어. 나는 이 질병을 받아들이지 않을 거야. 나는 그냥 누워서 모든 걸 그만두고 죽기만을 기다리지 않을 거야."**

그 두 여성은 싸웠습니다.

그들은 삶을 포기하고 싶은 유혹을 싸워서 물리쳤습니다.

그들은 대적했습니다.

사람들은 특히 한 해 한 해 지날수록 질병에 지칠 수 있습니다.

포기해 버리고 싶은 유혹, 그만두고 싶은 유혹, 다 던져 버리고 싶은 마음… 아닙니다.

여러분은 하나님의 뜻을 확신해야 합니다. 즉, 치유 받는 것이 하나님의 뜻이며, 하나님께서 이미 치유를 값 주고 사서 그것을 당신에게 주셨다는 것을 확신해야 합니다. 여러분을 장수하게 하심으로 만족시키는 것이 하나님의 뜻이라는 것을 확신해야 해요.

여러분은 이렇게 결심해야 합니다.

"나는 그밖에 어떤 것도 받아들이지 않을 것이다.

나는 살기 위해 싸울 것이다.

나는 믿음으로 내일 아침, 잠에서 깨어 일어날 것이다.

모레 아침에도 일어날 것이다.

나는 내일 죽지 않을 것이다.

나는 다음 주에도 죽지 않을 것이다.

나는 치유 받고 장수할 것이다. 할렐루야!"

이것이 믿음의 싸움입니다. 이렇게 믿음의 싸움을 할 때 하나님의 능력이 여러분 안에서 역사할 수 있습니다. 그러면 여러분은 더 나빠지지 않고, 더 좋아지게 될 것입니다.

그러기 위해서는 여러분이 싸우는 자가 되어야 합니다. 그만두지 않는 자가 되어야 합니다. 모든 것에 대해 하나님을 탓하지 않는 자가 되어야 합니다. 다른 사람을 탓하지 않는 자가 되어야 합니다. 여러분 자신의 생명, 여러분 자신의 믿음에 대해서 책임지는 사람이 되어야 합니다. 어떤 기분이 들든지, 여러분은 다시 일어납니다. 몸이 아플지 모릅니다. 기분이 안 좋을지 모릅니다.

그러나 다시 일어나서 "좋아, 나는 가는 거야."라고 말하고, 한 걸음씩 믿음의 걸음을 걷는 것입니다. 그래서 한 걸음이 열 걸음이 되고, 천 걸음이 되고 해서 믿음으로 걸어가는 것입니다.

여러분은 믿음으로 사는 거지, 죽는 것이 아닙니다. 그것이 하나님을 기쁘시게 하며 여러분의 믿음은 자라나서 점점 더 강해집니다. 〈믿음 학교〉에서 메시지를 통해 매일 믿음을 먹이고 있기 때문입니다. 또한 여러분이 성경을 읽고 또 교회에서도 말씀을 먹이기 때문입니다. 그러면 여러분의 영은 점점 더 강해지고 그 믿음의 영spirit of faith은 여러분이 하는 모든 것에, 모든 생각과 모든 말에 영향을 미치는 것입니다. 여러분에게 크게 축복이 된 그런 구절들을 읽을 때마다 거기서 더 많은 은혜들을 받게 됩니다. 왜냐하면 더 많은 믿음을 가지고 그 말씀들을 읽기 때문입니다.

그렇게 해서 수십 년 전에 질병으로 죽을 수밖에 없었던 앞의 두 여성들이 지금 80대가 되었는데도 여전히 활동하며 그들의 달려갈 길을 완수해 가고 있습니다. 할렐루야! 하나님께 영광을 돌립니다!

주님은 사람을 차별하지 않으십니다. 만일 그것이 그분들을 위한 하나님의 뜻이라면, 여러분을 위해서도 하나님의 뜻입니다. 하나님은 그의 자녀들을 편애하지 않으십니다. 그는 언제나 동일하십니다. 그는 결코 변치 않으십니다.

하나님의 뜻은 항상 믿음으로 행하라, 믿음으로 살아라, "믿음의 선한 싸움을 싸우라," 그것을 붙잡으라. 원수 마귀를 대적하라. 여러분이 아는 모든 일을 행한 후에 계속 서 있으라. 계속 싸우라는 것입니다.

여러분은 축복을 얻으려고 싸우는 것이 아닙니다. 여러분은 낙담과 싸우는 것입니다. 몹시 지치고 피곤해짐과 싸우는 것입니다. 포기하고 그만두어 버리고 싶은 유혹과 싸우는 것입니다. 여러분이 굳게 붙잡은 것을 놓아버리고 싶은 유혹과 싸우는 것입니다. **"믿음의 선한 싸움을 싸우라. 영생을 붙잡으라**[취하라: 한글번역].

디모데후서 4:7을 봅시다. 여러 해 후에 바울의 생이 마지막에 가까이 이르렀습니다. 수십 년간 믿음으로 살고, 믿음으로 행하고, 믿음으로 사역했습니다. 사도행전과 다른 서신서들에 보면, 그에게는 많은 도전과 시련들이 있었습니다.

하지만 그가 사역을 끝마칠 즈음에 이렇게 말할 수 있었습니다. **"나는 선한 싸움을 싸우고 나의 달려갈 길을 마치고 믿음을 지켰으니."** 무엇을 지켰다고요? 나는 **"믿음을 지켰으니!"**라고 말합니다.

여러분, "나는 믿음을 지켰다"는 라이프 스타일을 가지고 걸어가십시오. 사도 바울이 그렇게 했다면, 하나님의 자녀인 여러분도 그렇게 할 수 있습니다. 아멘!

배운 대로 행하기

"너희는 말씀을 행하는 자가 되라"(약1:22)

1__ 무엇을 배웠는가?

2__ 무엇을 행할 것인가?

1-5

믿음의 **선한 싸움을** 싸우는 방법

여러분, 〈믿음 학교〉에 오신 것을 환영합니다. 우리의 영을 믿음의 말씀으로 강화하고, 주님께서 그 자신이 기능하셨던 것처럼 우리가 더 높이 기능할 수 있는 기회를 허락해 주셨습니다. 우리 모두 마음을 모으고 이 시간 믿음을 풀어놓도록 기도합시다.

"하나님 아버지, 이 시간 우리의 영을 말씀으로 먹여주시고,
응답과 방향을 주시옵소서.
우리의 눈과 귀를 열어 주셔서 보고 듣게 하시고,
우리의 마음을 열어서 받을 수 있게 하옵소서.
말씀을 행하는 자가 되게 하옵소서.
예수님의 이름으로 기도합니다. 아멘!"

믿음은 우리가 생활하고 기능하며 활동하는 방식을 위한 하나님

의 선택입니다. 믿음은 무슨 일에서든 하나님을 기쁘시게 하는 유일한 방법입니다. 여러분은 하루 종일 기도할 수 있습니다.

그러나 믿음으로 기도하지 않는다면, 그 기도는 아버지를 기쁘시게 하지 못할 것입니다. 여러분이 사람들을 돕기 위해 거액을 기부할 수 있습니다. 그러나 그것을 믿음으로 하지 않는다면, 그것은 전혀 하나님을 기쁘시게 하지 못할 것입니다. 아무리 많은 선행도 그 자체로는 하나님께 열납이 될 수 없습니다.

하나님은 항상 마음을 보시는데, 믿음의 마음이 하나님을 기쁘시게 합니다. 기부하거나 헌금하는 것이 하나님을 크게 기쁘시게 하는 이유는 하나님이 주시는 분이기 때문입니다. 하나님의 은혜가 생명과 경건에 속한 모든 것을 우리에게 주셨습니다. 우리의 믿음이 자라서 하나님이 우리에게 주신 모든 것을 받을 때 하나님을 기쁘시게 합니다.

다시 성경을 봅시다. 여러분이 이미 들었던 것과 똑같은 내용을 내가 말한다고 할지라도 이전 강의를 들으셨을 경우, 이번에 더 많은 믿음으로 들으신다면, 이전 강의 때보다 더 많은 것을 얻게 될 것입니다. 로마서 1:17입니다. **"복음에는 하나님의 의가 나타나서 믿음으로 믿음에 이르게 하나니."** 점진적이죠.

"기록된바 오직 의인은 믿음으로 말미암아 살리라 함과 같으니라."

하박국서와 갈라디아서에서도 똑같은 말을 하고 있습니다.

"의인은 믿음으로 말미암아 살리라." 아멘.

그런데 이 믿음은 하나님 자신의 믿음의 한 분량이라고 로마서 12:3은 밝힙니다. 하나님께서 모든 사람에게 "믿음의 한 분량"을 주셨습니다. 이것은 하나님이 가진 믿음의 한 분량입니다.

하나님의 믿음은 어디서 왔습니까? 하나님으로부터 왔지요.

그러므로 여러분이 "나는 믿을 수가 없어요."라고 말하거나

"나는 그처럼 믿을 수가 없어요"라는 말을 듣는다면, 그 사람들이 잘못하는 것입니다. 그들은 믿음의 본질이 무엇인지 이해하지 못해서 속은 것입니다.

여러분이 하나님의 자녀라면, 믿음은 여러분의 구성make up의 한 부분입니다. 그것은 새로운 피조물의 일부입니다. 여러분은 믿음의 한 분량을 받았으므로, 믿음이 무엇인가라는 성격으로 볼 때, 믿기 위해 이해할 필요가 없습니다. 믿기로 선택하면 되는 것입니다. 그것은 여러분이 듣는 것의 원천에 대한 신뢰의 문제입니다.

그리스도인이 된다는 것은 여러분이 남을 잘 믿는 사람이 되어야 한다는 뜻이 아닙니다. 그것은 어리석은 일이죠. 우리는 하나님께서 우리에게 말씀하시는 모든 것을 믿습니다.

하나님 이외의 모든 사람에 대해서는 확인을 해봐야 합니다. 그들에 대해서 아는 바가 없는데 왜 그 사람을 믿어야 합니까? 사람들이 여러분에게 말하는 것을 확인해 보지도 않고 믿는다는 것은 어리석은 일입니다. 그들이 말하는 것을 믿지 않고도 그들을 사랑할 수 있습니다. 신뢰하지 않고서도 그들을 사랑할 수 있습니다. 신뢰는 여러

분이 의지할 수 있다고 증명이 된 것에 기초합니다.

하나님에 대해서 말하면, 하나님은 한 번도 우리에게 거짓말을 하신 적이 없습니다. 사실, 하나님이 거짓말을 하시는 것은 불가능합니다. 그러므로 하나님께서 여러분에게 뭔가를 말씀하실 때 그것이 아무리 말도 안 되는 소리처럼 들릴지라도, 그것이 아무리 불가능하게 들릴지라도, 하나님께서 말씀하시면 그냥 그것이 사실이라고 오케이 결정을 하세요. 하나님께서 그렇게 말씀하셨다면, 나는 그대로 믿습니다. 그것을 이해하려고 할 필요가 전혀 없습니다. 믿음은 선택입니다. 맞아요?

믿음은 지식과 이해에 기반을 두지 않습니다. 사람들이 "나는 미안하지만 그것을 믿을 수 없어요"라고 말할 때, 그들은 틀린 것입니다. 정확히 말하려면, 이렇게 해야지요.

"나는 그걸 믿지 않기로 선택한다."

왜냐? 믿음은 선택이기 때문입니다.

하나님에 관해서 말씀 드리면, 믿지 않는 자가 되지 맙시다. 느리게 믿지 맙시다. 완고한 사람이 되지 맙시다.

하나님께서 그의 말씀에 그렇게 말씀하시면, 우리는 재빨리 믿는 사람이 됩시다. 그 말씀을 즉시 받아들이고 이렇게 말하세요.

"내가 어떻게 느끼거나 보거나 상관없이 그건 사실입니다."

하나님께서 말씀하셨어요. **"의인은 믿음으로 말미암아 살리라."**

다시 디모데전서로 가봅시다. 우리가 살펴본 말씀인데요.

디모데전서 6:12입니다. **"믿음의 선한 싸움을 싸우라."** 그것은 선한 싸움이지, 나쁜 싸움이 아닙니다. **"영생을 붙잡으라."** 붙잡으라. 우리가 전에 언급했습니다.

때로 사람들은 이렇게 말합니다. "우리는 손을 놓고 하나님이 하시도록 하자." 손을 놓는 것과 붙잡는 것 사이에는 차이가 많습니다. 만일 염려와 걱정, 두려움과 의심 등에서 여러분의 손을 놓는 것에 대해 말하는 것이라면, 손을 놓으세요. 그것을 놓아버리세요. 그것이 믿음의 행동입니다.

그러나 모든 것이 하나님께 달려 있으니 나는 뭔가를 하려고 노력할 필요가 없고 그저 하나님께서 하시도록 하면 된다는 뜻으로 말하는 것이라면, 그것은 아닙니다. 그것은 하나님께서 여러분에게 하라고 하신 것을 하나님이 하도록 하려는 것입니다. 그러면 그것은 잘되지 않을 것입니다. 하나님께서는 우리에게 **"믿음의 선한 싸움을 싸우라 그리고 붙잡으라"**고 하셨습니다.

여러분이 처음 예수님께 나왔을 때, 여러분은 영생을 붙잡았습니다. 주님이 주시는 용서를 붙잡았습니다. 그래서 구원받았고, 그의 자녀와 그의 가족으로서 받아들여졌습니다. 그러나 그것이 끝이 아닐 것입니다.

이 세상에는 마귀가 있습니다. 악한 영들이 있고, 악한 영향력들이 있습니다. 그리고 원수 마귀가 와서 너무너무 실제적인 생각과 감정을 여러분에게 가져다줄 것입니다. 이런 생각과 감정은 여러분이 믿음의 삶을 살 수 없게 하려는 것입니다.

"너는 이걸 할 수 없을 거야. 이 시험을 물리칠 수 없을 거야, 이 나쁜 습관에서 벗어날 수 없을 거야." 그 결과 여러분이 "나는 도무지 할 수가 없어…"라고 말한다면, 여러분은 믿음의 싸움을 싸우지 않은 것입니다. 일이 진행되기도 전에 포기해 버린 것입니다.

여러분은 싸워야 합니다. 모두 따라 하세요. **"믿음의 선한 싸움을 싸우라."** 그것은 감정의 싸움이 아닙니다. 이성의 싸움이 아닙니다. 그것은 믿음의 싸움입니다. 여러분이 어떻게 보고 느끼든, 여러분은 하나님께서 여러분에 대해 말씀하신 것을 계속 믿어야 합니다.

이렇게 말하세요. 여러분이 저지른 실수에 대해서 아무리 기분이 나쁘더라도 **"나는 그리스도 안에서 하나님의 의이다"**라고 말하세요. 여러분이 아무리 여러 번 실패하고 엉망진창이 되었다 할지라도 **"나는 그리스도 안에서 이기는 자이다"**라고 말하세요. 그 일이 아무리 불가능해 보인다고 할지라도, **"나는 그걸 할 수 있다. 내게 능력 주시는 자 그리스도 안에서 나는 모든 것을 할 수 있다"**라고 담대히 말하세요.

좌절과 절망에 빠지지 마세요. 좌절감과 싸우세요. 절망감과 싸우세요. 우울증과 싸우세요. 유혹과 싸우세요.

그러나 하나님과는 싸우지 마세요. 하나님은 원수가 아닙니다. 하나님은 문제가 아닙니다. 여러분이 대단한 존재가 아니라고, 여러분이 할 수 없다고 말해주려고 하는 모든 세력과 싸우십시오. 하나님은 여러분이 위대한 존재이고, 여러분이 할 수 있다고 말씀하셨기 때문이죠.

고린도후서 10장으로 가볼까요. 이것을 주목하세요. 이 선한 싸움을 싸우는 방법에 관해 몇 가지 자세한 지침이 나와 있습니다.

고린도후서 10:13입니다. **"우리가 육신으로 행하나 육신에 따라 싸우지 아니하노니."** 여러분이 며칠 전의 강의를 들었다면, 갈라디아서에서 이렇게 말씀하신 걸 알 것입니다. **"그리스도가 내 안에 살아 계신다." "이제 내가 육체 가운데 사는 것은 하나님의 아들을 믿는 믿음으로 사는 것이라."**

우리는 육신을 따라 살지 않습니다. 육신을 따라 싸우지 않습니다. 이 몸으로 사는 동안 우리는 믿음으로 행합니다.

어떻게 선한 싸움을 싸우는가? 어떻게 영적으로 싸우는지 4절을 주목하세요. **"우리의 싸우는 무기는 육신에 속한 것이 아니요 오직 어떠한 견고한 진도 무너뜨리는 하나님의 능력이라."**

그런 다음 그 견고한 진들이 무엇인지 다음 구절에서 상술합니다. **"모든 이론을 무너뜨리며 하나님 아는 것을 대적하여 높아진 것을 다 무너뜨리고 모든 생각을 사로잡아 그리스도에게 복종하게 하니."**

어떻게 믿음의 선한 싸움을 싸웁니까? 나는 무엇에 대해 싸우는 것입니까? 여러분은 비성경적이고, 불경건한 생각과 영상이미지 및 이런 생각들에 수반하는 감정들에 대하여 싸우는 것입니다. 여기가 전쟁이 벌어지는 곳입니다. 여기가 싸움이 계속되는 곳입니다. 여러분이 아무리 주님과 오래 동행했다 할지라도 여러분이 아무리 성경을 많이 안다고 할지라도, 아무리 기도를 많이 한다고 할지라도 이런 문제들을 처리해야 할 것입니다.

하나님께서 여러분을 위해서 행하신 일, 하나님께서 여러분에게 주신 것, 예수님이 속량을 통해 값을 지불하고 사주신 것에 대해 여러분이 감사하는 가운데 이렇게 말하십시오. **"나는 그걸 가졌다."** 혹은 **"나는 그걸 받은 줄로 믿는다." "나는 그걸 붙잡는다."**

여러분이 그렇게 하자마자, 저항을 만날 것입니다. 원수 마귀가 즉시 와서 여러분에게서 그 말씀을 훔쳐 갈 것입니다.

어떻게 그렇게 할까요? 마귀는 우리가 그에게 동의하도록 만듭니다. 어떻게요? 생각을 가져다주고, 상상을 하게 합니다.

몇 년 전에 내가 교회에서 주님과 친밀한 대화를 하고 있었는데, 주님께서 "내동댕이쳐라"라는 제목의 메시지를 주셨습니다. "내동댕이쳐라!" 그 말은 꺾어버리라는 것입니다. 아주 강한 말이죠. 넘어뜨리라, 내동댕이쳐라, 던져버리라. 뭣을요? 이러한 생각들, 이러한 감정들을 말입니다.

한 젊은 여성이 있었습니다. 그때는 내가 알지 못했는데, 여러 달 후에 그녀가 우리 미니스트리에 간증 편지를 보냈어요.

그녀가 우리 집회에서 앞줄에 앉아 은혜를 받고 참 좋다고 생각했어요. 그 당시 임신한 지 몇 주밖에 안 됐답니다. 그녀가 집회 후 병원에 갔더니 의사가 말하기를 임신에 문제가 있다는 거예요. 태아에게 문제가 생겼다는 것입니다.

그녀의 말에 의하면, 목사님의 그 말씀이 계속 그녀의 귀에 울렸다는 거예요.

"내동댕이쳐라. 내동댕이쳐라." 우리의 싸움은 사람과의 싸움이 아니라, 영적인 것에 대한 싸움입니다.

무엇과 싸워야 한다고요?

"너의 아기는 잘되지 못할 거다! 너의 아기는 잘되지 못할 거다." 여러분 같으면 그것을 어떻게 해야 하겠어요? 그녀는 믿음의 싸움을 했습니다.

"너, 그 생각을 내동댕이쳐버려!"

그래서 **"태중의 아기는 예수의 이름으로 괜찮을 거야. 나는 아기에게 생명을 말하노라. 나는 우리 아기에게 건강과 힘을 선포하노라."** 계속 고백했습니다.

그리하여 한 달, 두 달 시간이 지나갔어요. 그녀는 매일 그런 생각들을 내동댕이쳐야만 했답니다. 그 생각이 자꾸 떠오르곤 했기 때문이죠. 만일 뭔가 기분이 좋지 않거나, 검사 결과가 좋게 나오지 아니하면 이런 감정들이 생기는 거예요.

"이건 안 괜찮을 것 같은데."라고 말이죠.

마침내 출산을 했는데 아기는 아무 탈 없이 완전했어요. 매우 건강하게 태어났답니다. 하나님을 찬양합시다!

여러분, 그녀의 싸움이 어디서 들어왔는지 아세요? 물론, 주님께서는 그것을 알고 계셨죠. 그래서 그녀가 의사로부터 그 나쁜 보고를 듣기 직전에 주님께서 나에게 그 메시지를 전하게 하셨던 것입니다. 그녀는 싸움을 싸우면서 그 아기를 위해 건강을 붙잡고, 치유를 붙잡고, 완벽한 정상적인 발육과 완전한 발달을 붙잡았던 것입니다. 그저 다음과 같이 말하는 것으로는 충분치 않습니다.

"주님, 아시지요. 그 아기를 지켜주시고 그 아기를 온전케 해주세요."

여러분은 주님을 붙잡아야 하고, 응답을 받은 줄로 믿어야 합니다. 그러면 그대로 이루어질 것입니다. 매일 아침과 점심과 저녁과 밤에 부정적인 생각과 감정이 살금살금 들어오는 것에 대비해야 합니다.

"안 돼, 너는 얻지 못할 거야… 안 돼, 그건 역사하지 못할 거야."

원수 마귀는 매우 끈질깁니다. 이런 부정적인 생각과 감정들이 오후에도 수백 번 일어나 여러분을 피곤하게 할 수 있습니다. 지치게 할 수 있어요.

그러면 여러분은 어떻게 해야 합니까? **믿음의 선한 싸움을 싸워야 합니다.** 하나님으로부터 오는 그 생명을 붙잡아야 합니다. 그리고 하나님께서 여러분에게 말씀하신 것과 일치하지 않고, 그것이 어떻다고 여러분에게 말씀하신 것과 일치하지 않고, 그것이 어떻게 될 것이라고 여러분에게 말씀하신 것과 일치하지 않는 모든 생각과 상상을 무너뜨려야 합니다. 말씀과 반대되는 모든 생각을 여러분이 붙들어서 그것을 내동댕이치고 내던져버려야 합니다.

"안 돼, 안 돼, 안 돼!"라고 말하세요.

여러분, 하나님의 축복들은 주님께서 값을 지불하여 사 주셨고, 은혜가 우리에게 그것을 거저 주셨을지라도 그냥 저절로 우리에게 떨어지는 것이 아닙니다. 설령 여러분이 "나는 그걸 받은 줄로 믿는다"라고 말할지라도 그것은 끝이 아니고, 그것은 시작입니다. 원수 마귀는 내내 여러분과 싸울 것입니다.

몇 년 전에 주님께서 물질적인 것을 나에게 주신 줄로 믿고 있었습니다. 내가 그것을 위해 씨앗을 심었고 주님께 감사했습니다. 해가 바뀌고, 일 년 반이 지났는데도 우리가 처음 시작했을 때보다 더 멀어진 것 같았습니다.

그러자 이런 생각들이 계속 떠올랐습니다.

"그건 역사하지 않아… 그건 역사하지 않아… 거봐… 보라니까!" 이런 생각들을 어떻게 해야 할까요?

그때 하나님의 성령께서 나를 깨우쳐 주셨습니다.

"그게 정말로 역사하지 않는다면, 왜 마귀가 그것이 역사하지 않는다고 네게 말해서 너를 괴롭히겠느냐?"

보세요. 원수 마귀가 이런 식으로 역사하는 것입니다.

그래서 내가 깨달았죠.

"그건 역사할 것이 틀림없어. 그게 역사하지 않는다면, 마귀가 장난질하지 않았겠지. 마귀가 역사하려고 하겠어?"

그리하여 주님께서 나에게 노래를 하나 주셨습니다. 나는 혼자 그

노래를 부르기 시작했습니다. "계속 붙들어라. 계속 붙들어라. 계속 믿어라. 강할지어다. 얼마 후에는 잘될 것이다. 계속 붙들어라. 계속 붙들어라. 오래지 않아 너의 믿음이 눈에 보이게 될 것이다."

아니나 다를까, 한 달도 안 되어 그 일이 이루어졌습니다. 할렐루야! 그러나 일이 더 가까워지자, 원수 마귀가 더욱 압박을 강화하려고 했다는 것을 여러분이 깨닫기를 바랍니다. 그것은 싸움입니다. 그것은 투쟁입니다. 하나님이 그 일을 하시게 하려는 싸움이 아닙니다. 하나님은 그것을 이미 다 해놓으셨습니다. 그것을 받으려는 나의 믿음의 싸움이었습니다. 원수 마귀는 여러분의 믿음에 저항할 것이며 여러분을 지치게 할 것입니다. 그는 여러분을 설득해서 그만두게 하려 할 것입니다.

그러나 여러분이 그만두지 않는다면, 여러분의 확신을 굳게 붙잡고 믿음과 끈질긴 인내로 나아간다면, 여러분은 완벽한 상태로 승리하게 됩니다. 아멘이지요.

요한일서로 가서 이 위대하고 놀라운 진리를 보겠습니다.

요한일서 5:4입니다. **"무릇 하나님께로부터 난 자마다 세상을 이기느니라 세상을 이기는 승리는 이것이니 우리의 믿음이니라."** 이 세상에는 많은 문제들이 있습니다. 많은 어려움들이 있습니다. 여러분을 공격하며 해치려 하고, 여러분에게서 도둑질하고 죽이고 멸망시키려고 하는 것들이 많습니다.

그러나 여러분은 거듭났을 때 여러분의 아버지의 본성을 받으셨습니다. 우리 아버지 하나님은 잃거나 실패하거나 손해를 보는 법이 없습니다. 하나님은 결코 패배하지 않으십니다. 이 믿음은 하나님이 매번 모든 것을 이기고 승리하는 방법인 것입니다. 그것이 지금 우리 안에 있습니다. 우리는 '믿음의 아버지'의 '믿음의 자녀들'입니다. 그것으로 인해 우리는 '이기는 하나님'의 '이기는 자녀들'이 되는 것입니다. 할렐루야!

우리가 그렇게 할 수 있게 해주는 발동력이 하나님께서 우리 안에 넣어주신 믿음이고, 그의 말씀에서 나오는 믿음입니다. 여러분이 믿음 안에서 강해질수록, 어떤 일이 벌어지든, 그것을 극복할 것을 믿습니다. 여러분은 그것을 이겨낼 것을 믿습니다. 그리하여 하나님의 뜻이 이루어지고 성취되는 것입니다. 여러분은 변치 않는 긍정적인 사람, 곧 믿음의 사람이 되는 것입니다. 할렐루야! 하나님이 우리 안에서 일하십니다.

자, 오늘 우리의 〈믿음 학교〉 강의를 마치겠습니다. 여러분이 현재 있는 그 자리를 잘 지키세요. 오늘로써 제1주 왜 믿음인가 월-금 강의를 마칩니다. 감사합니다!

배운 대로 행하기

"너희는 말씀을 행하는 자가 되라"(약1:22)

1__ 무엇을 배웠는가?

2__ 무엇을 행할 것인가?

Week 2

믿음이란 무엇인가?

2-1

믿음은 **설득당하는** 것이다

여러분, 〈믿음 학교〉에 오신 것을 환영합니다. 〈믿음 학교〉는 우리의 믿음을 말씀으로 먹이고, 우리의 영이 점점 강해지며, 이기는 방법을 배우는 곳입니다. 저를 따라 하세요. **"〈믿음 학교〉는 나의 믿음을 말씀으로 먹이고, 나의 영이 점점 강해지며, 이기는 방법과 이기는 자가 되는 방법을 배우는 곳이다."** 할렐루야!

우리는 앞에서 믿음이 신학적 입장이 아니며, 우리가 정신적으로 신봉하는 일련의 신념도 아니라는 것을 배웠습니다.

또 **"의인은 믿음으로 살리라"**라는 말씀을 배웠습니다. 믿음은 삶의 방법입니다. 곧 하나님이 어떻게 기능하시는가입니다. 하나님은 우리에게 사랑하는 자녀처럼 그를 본받으라고 명하셨습니다. 하나님이 사시는 것처럼 살기 위해 그를 따르고, 하나님이 기능하시는 것처럼 기능하라고 말이죠. 다 같이 기도합시다.

"아버지여, 예수의 이름으로 우리와 온라인으로 메시지를 듣는
모든 분들이 합심하오니 저들의 마음과 우리의 마음이 활짝 열려서
받아들이게 하시고, 우리의 눈과 귀와 마인드가 응답과 방향과 도움 및
우리에게 필요한 것을 정확히 이해하고 받아들일 수 있게 하옵소서.
또한 모든 문제, 모든 역경을 극복할 수 있게 하시고,
주님으로부터 모든 좋은 것을 받을 수 있게 하옵소서.
그런 일들이 우리에게 일어나게 하실 것을 믿고 미리 감사를 드리며
예수의 이름으로 기도합니다. 아멘."

오늘 성경은 히브리서 11장 1절입니다. 우리는 **"믿음이란 무엇인가"**를 다루려고 합니다. 믿음에 대해서는 많은 말들이 있고, 많은 아이디어들이 있습니다. 많은 사람들의 의견이 다 다릅니다.

그런데 학교에는 교과서가 있지요. **우리 〈믿음 학교〉에서는 성경을 그 주제에 관해 최종적이고 완전한 권위로 삼습니다.** 성경 이외에 다른 이론과 아이디어를 가지면 안 됩니다.

자, 그러면 주님이 뭐라고 말씀하셨는지 말씀이 우리에게 말하도록 합시다. 그다음에는 그것을 다르게 말하거나, 다른 방법으로 설명하거나, 자신의 것으로 말하지 말고, 그대로 받아들입시다.

히브리서 11장에서 우리는 믿음이 무엇인가에 답을 얻었습니다. 하나님께서 그것을 정의하셨습니다. 1절을 보세요. **"믿음은 바라는 것들의 실상이요 보이지 않는 것들의 증거니."**[한글 성경은 말

이 어렵습니다-역자 주.] 영Young 박사의 문자적 역본은 매우 정확한 번역본인데, 그는 이렇게 말합니다. **"믿음은 확신을 바라는 것들에 대한 것이요, 확신할 수 없는 문제들에 대한 것이다."** 여러분이 성구 사전Bible Concordance에서 믿음이 정확히 무엇인지 찾아본다면, "설득"persuasion이란 단어와 "확신"assurance이란 단어와 "신뢰"trust란 단어를 찾을 것입니다.

그것을 가장 간단하게 말하면, 믿음이란 무엇인가? 믿음은 어떤 것에 설득당하는 것입니다. 여러분이 그것에 대해 설득당한다면, 그것에 관해 확신을 합니다. 만일 여러분이 확신하고 설득되었다면, 그것을 신뢰합니다.

여러분이 어떤 것에 믿음을 가질 때, 예컨대 여러분의 승용차에 믿음을 가질 수 있습니다. 여러분이 출발하려고 할 때 그 차는 출발할 것이고, 서야 할 때 그 차는 설 것입니다.

그러나 지금 우리가 말하고 있는 것은 **하나님에 대한 믿음입니다. 하나님은 신실하십니다.** 하나님이 신실하시다는 말은 그가 신뢰할 만하다는 뜻입니다. 그는 완전히 믿을 만합니다. 그것은 성경이 **"하나님은 거짓말을 하실 수 없다"**라고 말하는 이유 중 하나입니다.

또한 하나님은 실패할 수 없습니다. 그러므로 만일 하나님이 여러분에게 말씀하신 것이 바로 완전한 진실이라면, 또 만일 그가 여러분에게 뭔가를 하시겠다고 말했는데 반드시 그것을 하신다면, 여러분은 그를 신뢰할 수 있고 의지할 수 있습니다.

우리가 〈믿음 학교〉에서 믿음에 관해 이야기할 때 **우리는 하나님을 믿는 믿음에 대해 말하는 것입니다.** 그저 당신 자신을 믿는 믿음이 아니고, 원리를 믿는 믿음이 아니고, 그분the Person, 즉 천지를 창조하신 그분, 여러분이 거듭났을 때 **아버지라고 부르는 그분을 믿는 믿음**을 말하는 것입니다.

여러분 모두 큰 소리로 따라 하세요. **"하나님은 바로 나의 아버지이시다. 나는 그의 친자녀이다.** 할렐루야!"

왜 내가 그것을 말합니까? 그다음 것을 말하기 위해서입니다.

"나는 내 아버지를 신뢰합니다." 나는 내 하나님을 신뢰합니다. 만일 하나님이 그것을 말씀하시면, 나는 그것을 믿습니다. 만일 하나님이 그것을 하시겠다고 말씀하시면, 그것이 어떤 모습이든, 어떤 느낌이든 나는 그것이 일어나길 기대합니다. 그러므로 믿음은 설득입니다. 믿음은 확신입니다. 믿음은 신뢰하는 것입니다.

이것에 대한 가장 좋은 예화 중 하나인 로마서 4장을 보겠습니다.

아브라함에 관한 이야기죠. 16절부터 봅시다. 아브라함은 우리에게 믿음의 탁월한 본보기로 여겨집니다. 사실, 우리 믿음의 사람들은 모두 아브라함의 자손이므로 아브라함이 걸었던 것과 똑같은 믿음의 걸음을 걸어야 합니다.

로마서 4:16은 말합니다. **"그러므로 상속자가 되는 그것이 은혜에 속하기 위하여 믿음으로 되나니 이는 그 약속을 그 모든 후손에게 굳게 하려 하심이라 율법에 속한 자에게 뿐만 아니라 아브라함의 믿음**

에 속한 자에게도 그러하니 아브라함은 우리 모든 사람의 조상이라."

아브라함은 믿음의 조상입니다. 우리는 우리 믿음의 조상의 믿음의 자손입니다. 17절, **"기록된바 내가 너를 많은 민족의 조상으로 세웠다 하심과 같으니 그가 믿은바 하나님은 죽은 자를 살리시며 없는 것을 있는 것으로 부르시는 이시니라."**

자, 이것은 **믿음과 믿음이 어떻게 역사하는가**에 대한 굉장한 계시입니다. 그러나 18절을 보세요. **"아브라함이 바랄 수 없는 중에 바라고 믿었으니 이는 네 후손이 이 같으리라 하신 말씀대로 많은 민족의 조상이 되게 하려 하심이라."**

19절. **"그가 백세나 되어 자기 몸이 죽은 것 같고 사라의 태가 죽은 것 같음을 알고도 믿음이 약하여지지 아니하고."** 오히려 그는 믿음이 강했습니다. 할렐루야!

20절입니다. **"믿음이 없어 하나님의 약속을 의심하지 않고 믿음으로 견고하여져서 하나님께 영광을 돌리며."**

모두 따라 하세요. "믿음으로 견고하여져서 하나님께 영광을 돌린다." 사실, **우리가 하나님을 신뢰할 때 그것이 하나님을 영화롭게 합니다. 하나님께 영광을 돌립니다.** 우리가 결코 우리에게 거짓말을 한 적이 없으신 분, 우리를 결코 실패시킨 적이 없으신 분, 반드시 성공시키신 분을 의심할 때, 그것은 불명예스런 것입니다. 그것은 경의를 표하지 않는 것이죠. 아브라함은 **"믿음이 견고하여져서 하나님께 영광을 돌렸습니다."**

21절, "약속하신 그것을 또한 능히 이루실 줄을 확신하였으니."

여러분, 이게 보이나요? 그가 뭘 확신했죠?

믿음이 무엇인가에 대한 정의가 바로 이것입니다.

믿음이 무엇입니까? 믿음은 설득당하는=확신하는 것입니다. 믿음은 납득하고 확신하는 것입니다.

그러므로 **우리가 이와 같이 되기 위해서 무엇을 극복해야 합니까?** 무지를 극복해야 합니다. 결단력 없음을 극복해야 합니다. 성경대로 말한다면 "흔들림"입니다. 만일 여러분이 결정을 못하고 오락가락 흔들린다면, "아마 그럴 거야, 아마 안 그럴 거야, 아마 그가 하실지 몰라, 아마 그가 안 하실지 몰라," 이렇게 갈팡질팡한다면, 당신은 확신을 한 건가요? 설득이 된 건가요? 납득이 된 건가요?

아니지요. 당신은 아직 확신이 없는 것입니다.

그것에 대한 해결책이 무엇이지요?

성경은 말합니다. **"믿음은 들음에서 나온다."**

무엇을 들어요? 주님이 하신 말씀, 기름 부음 받은 말씀을 듣는 것. 그것이 여러분이 설득되는 방법입니다. 그래서 우리가 〈믿음 학교〉를 하는 것입니다.

여러분은 주님이 하신 말씀을 계속 듣습니다. 만일 여러분이 그것에 대해 열린 마음으로, 열린 마인드로 듣는다면 여러분은 의심을 멈추고, 흔들거림을 그치고, 갈팡질팡을 멈추는 지점에 이를 수 있습니다. 그러면 여러분은 설득이 되고, 납득이 됩니다.

여러분은 똑같은 말씀을 계속 먹어야 합니다. 여러분은 충분히 확신할 수 있습니다. 그리하여 여러분이 충분히 확신/설득되었을 때 강해집니다. 믿음이 강해져요. 더 이상 흔들리지 않아요. 믿음이 강해졌어요. 그것이 하나님께 영광을 돌리는 것입니다.

그것이 하나님께 영광 돌리는 방법 중 하나는, 여러분의 삶에서 하나님이 하시고 싶어 하는 것을 하나님이 하시게 하는 것입니다. 그리고 하나님의 좋은 것들이 나타나고, 치유가 나타날 때 그것이 하나님께 영광 돌리는 것입니다. 여러분의 필요가 채워질 때 그것이 하나님께 영광 돌리는 것입니다. 여러분의 자녀들이 도움을 받고, 여러분을 계속 다운시키는 것을 극복하고, 여러분이 승리를 얻고 그럴 때 그 모든 것이 하나님께 영광 돌리는 것입니다.

다시 큰 소리로 따라 하세요. **"믿음이 강하여져서 하나님께 영광을 돌리니라."** 강하여진 믿음. 아브라함은 하나님이 약속하신 것을 능히 이루실 줄 확신했습니다.

「치유자 그리스도」라는 위대한 책을 쓰신 F. F. 보스워스 목사님은 이런 말을 했습니다. 아주 의미심장한 말입니다.

"믿음은 하나님의 뜻이 알려진 곳에서 시작된다."

믿음은 시작이 있습니다. 바로 거기서 믿음은 시작합니다. 하나님의 뜻이 논의되는 곳이 아닌, 하나님의 뜻이 알려진 곳에서 시작합니다.

믿음이 무엇입니까? 믿음은 설득입니다. 믿음은 설득되는 것입니다. 그러므로 여러분의 청구서를 지불하도록 여러분을 돕는 것이 하나님의 뜻인지 아닌지 알지 못한다면, 여러분은 그것에 대한 믿음을 가질 수 없습니다. 여러분이 치유 받는 것이 하나님의 뜻인지가 확실치 않다면, 여러분은 치유 받는 믿음을 가질 수 없습니다.

그러므로 설령 사람들이 좋은 뜻을 가져서 모든 기도에 "만일 주님의 뜻이라면"이라고 말하는 것이 좋게 들린다고 할지라도, 그것은 틀린 생각입니다. 이런 종류의 것들이 여러분의 믿음을 해치고 손상시키는 것입니다.

여러분이 아브라함 같은 사람들에 대해 읽어보면 발견할 것입니다. 저 위대한 믿음의 전당인 히브리서 11장을 보시면, 이 사람들 중 누구도 하나님의 뜻을 의논하지 않았습니다. 그들은 하나님으로부터 들었습니다. 그들은 하나님이 하시겠다고 말씀하신 것, 그들이 하기를 하나님이 원하신 것을 확신했습니다. 그러고는 하나님의 뜻을 더 이상 의심하지 않았습니다. 여러분에게 의심이 있다면, 그것은 확신한 것이 아닙니다. 여러분이 믿음 안에 있다면 확신을 가져야 합니다.

그러므로 그저 간청하고, 의심하고, 흔들리는 대신에 -우리는 혼란과 흔들림과 갈팡질팡이 가득 찬 세상에 살지만- 우리는 그런 식이 될 필요가 없습니다. 만일 우리가 교과서, 즉 성경 안으로 들어간다면 만일 우리가 하나님으로 우리 안에서 그의 계시된 뜻의 의식을 쌓도록 한다면 우리는 매우 안정되고 매우 강해질 수 있습니다. 우리는 그저 기다리며 의심하는 것이 아니라 붙잡는 위치에 있게 될 것입니다. 우리는 응답을 붙잡고 받을 것입니다.

야고보서 1장 5절을 보세요. **"너희 중에 누구든지 지혜가 부족하**

거든 모든 사람에게 후히 주시고 꾸짖지 아니하시는 하나님께 구하라 그리하면 주시리라." 여러분은 여러분의 아버지가 주시는 분/Giver라는 것을 아셨나요? 하나님은 주시는 분입니다.

우리는 모두 매일 살아가면서 지혜가 필요합니다. 지혜는 가장 귀중하고 소중한 것들 중 하나입니다. 만일 여러분이 어떤 일에 대해 지혜를 가지면 그것이 어디로 진행하고, 어떻게 끝날 것인지, 어떻게 마무리될 것인지 알게 됩니다. 여러분이 그것을 안다면 여기서 저기로 가기 위하여 지금 무엇을 해야 할지 알게 됩니다.

만일 여러분이 어떻게 될 것인지 알지 못하는 상황에 있는데, 어느 길로 가야 할지 알지 못하는데, 이 일이 어떻게 돌아갈지 알지 못한다면 아버지가 말씀하셨습니다. **"내게 구하라. 내게 지혜를 구하라."** 여러분이 알지 못한다고 해서 하나님이 여러분을 질책하지 않습니다. 그는 후하게 주실 것입니다. **"그리하면 주시리라"**라고 했어요.

그러나 **우리가 무엇을 해야 하는지 주목해 보세요.** 6절입니다.

오직 어떻게 하라고요? **"오직 믿음으로 구하라."**

그러므로 그냥 구하는 것이 아니죠. 오직 믿음으로 구하는 것입니다. 그 말은 설득되어 구하는 것입니다. 확신하여 구하는 것입니다. **"믿음으로 구하고,"** 그다음에 무얼 하라고요? **"조금도 의심하지 말라."** 의심하는 것은 확신하는 것과 정반대입니다.

무엇이 의심하는 것입니까? 그는 이렇게 묘사합니다. **"의심하는 자는 마치 바람에 밀려 요동하는 바다 물결 같으니."** 물 위에 바람이 불면 물이 바람과 함께 그 바람이 부는 쪽으로 움직입니다. 바람이 남쪽으로 불면 물이 남쪽으로 움직입니다. 오늘 바람이 북쪽으로 불면 물이 북쪽으로 움직입니다.

그러므로 여러분이 하나님을 모르면, 여러분은 그렇게 될 것입니다. 우리는 오늘 바람이 부는 대로 될 것입니다. 만일 우리의 감정이, 사람들이 이것을 말하면 우리는 이것을 경험할 것입니다. 그러면 우리는 이쪽으로 불려 갈 것입니다. 그러면 우리는 오늘은 이렇게 해야 하는 거구나 하고 생각할 것입니다. 그러나 내일, 바람이 다른 쪽으로 불면 우리는 이렇게 생각할 것입니다.

"아, 내가 기도했는데, 내가 기도할 때 기분이 좋았지. 아마 하나님께서 그리하실 거야. 그런데 오늘은 기분이 별로 좋지 않아. 그러면 하나님이 그리하지 않으실 거야. 나는 모르겠어." 올라갔다 내려갔다, 들어갔다 나갔다. 그저 바람 부는 대로 의심하고 흔들립니다.

만일 여러분이 그런 식이라면, 성경은 뭐라고 했나요? 7절입니다. **"이런 사람은 무엇이든지 주께 얻기를 생각하지 말라."** 나는 그런 말이 좋게 들리지 않습니다. 무엇이든지 얻지 못한다?

왜 얻지 못할까요? 그것이 하나님의 뜻이 아니기 때문이 아니라, **하나님의 뜻이라고 확신하지 않았기 때문입니다.** 당신이 흔들렸어요, 의심을 했어요. 아마 내가 잘되는 것은 하나님의 뜻일지 몰라. 아마 그것은 하나님의 뜻일 거야. 하지만 나는 몰라. 아마 아닐지도 몰라. 갈팡질팡!

"내가 치유 받는 것이 하나님의 뜻일지 모르지, 하지만 나는 몰라." 나는 사람들이 이렇게 말하는 걸 들었습니다.

"아마 하나님이 당신에게 이 병을 통해 뭔가를 가르치려고 하실지 몰라." 그런 상황에 대해서 하나님이 뭐라고 하셨는지 보세요. **"너는 아무것도 얻지 못할 것이다."**

우리는 극복해야만 합니다. 우리는 이기는 자가 되는 것에 관해 이야기했습니다. 무엇을 극복하죠? 혼동을 극복하고, 틀린 생각을 극복하고, 성경과 하나님의 뜻에 반대되는 가르침을 극복하고, 우리 자신의 감정을 극복하고, 그다음에는 "이게 하나님의 뜻이다. 나는 그걸 알아. 나는 그걸 보았어. 나는 그것에 대해 32개 성구를 가지고 있어. 하나님은 결코 변하지 않아. 그건 그때 그의 뜻이었고, 지금도 그의 뜻이야. 그건 항상 그의 뜻일 거야."라고 말할 수 있는 곳에 뿌리를 내리고, 뿌리를 박아야 합니다.

오직 여러분이 이런 종류의 확신과 충분히 설득된 마음에 이르렀을 때에만 여러분은 믿음을 행사할 수 있습니다. 하나님의 뜻을 더 이상 의심하지 않습니다. 더 이상 갈팡질팡하지 않습니다. 하나님의 말씀을 더 이상 의심하지 않습니다.

8절 보세요. **"두 마음을 품어 모든 일에 정함이 없는 자로다."** 두 마음은 믿음이 무엇인가에 정반대가 됩니다. 믿음은 설득되는 것/확신입니다. 아브라함은 하나님께서 그에게 하신 말씀을 들었습니다. 그가 셀 수 없을 정도로 많은 자손의 아버지가 될 것이라고 했습니다. 하늘의 별보다 많고, 해변의 모래보다 더 많을 것이라고 했습니다. 그것은 너무도 불가능하게 보였을지라도 아브라함은 그냥 믿었습니다. 그는 그것을 의심하지 않았습니다. 그것에 대해 의아하게 여기지 않았습니다. 그는 그것을 그냥 받아들였고 그것을 충분히 확신했습니다. 그래서 성경이 말했습니다. **"하나님이 그것을 그에게 의로 여기셨으며."** 그는 **"하나님의 벗"**이라 불리게 되었습니다약2:23.

우리는 사람들이 자기가 누구인지 알지 못하는 세상에 살고 있습니다. 어디서 와서, 왜 살며, 어디로 가는지 알지 못합니다.

사후에 생이 있습니까? 아무도 모른다고요?

아니요, 아는 사람이 있습니다. 당신이 하나님의 말씀과 하나님의 성령을 권위로 받아들인다면 알 수 있습니다. 만일 당신이 모른다면, 평생토록 다른 사람의 사상과 씨름을 해야 할 것이며 당신은 불안정할 것입니다.

우리는 〈믿음 학교〉에서 그런 불안정을 근절해야 할 사명이 있습니다. 우리는 충분히 설득될 것입니다. 우리는 주 안에서와 그의 힘의 능력으로 강건해질 것입니다. 믿음이 견고하여져서 하나님께 영광을 돌릴 것입니다.

그것을 다시 복습해 봅시다. 오늘 수업 중에 무엇을 살펴보았지요? 믿음이란 무엇인가? 많은 사람들은 그것을 불가사의하고 알 수 없는 것으로 생각합니다. 믿음은 확신하는 것입니다. 믿음은 신뢰하는 것입니다. 믿음은 충분히 설득되는 것입니다. 할렐루야!

모두 큰 소리로 따라 하세요. **"나에게는 믿음이 있습니다. 나의 믿음은 견고하여 하나님께 영광을 돌립니다."** 아멘!

배운 대로 행하기

"너희는 말씀을 행하는 자가 되라"(약1:22)

1 __ 무엇을 배웠는가?

2 __ 무엇을 행할 것인가?

2-2

믿음은 **안정시키는** 것이다

여러분, 우리 〈믿음 학교〉는 우리의 믿음을 말씀으로 먹이고, 영이 점점 강해지며, 이기는 자가 되는 방법을 배우는 곳입니다. 우리는 하나님의 생명과 같은 생명으로 기능하는 법을 배웁니다. 믿음으로 사는 것은 가장 신나고, 멋진 모험의 삶입니다. 그것은 하나님을 기쁘시게 하는 삶입니다. 그것은 여러분의 삶에 닥치는 모든 문제를 극복하고, 모든 좋은 축복을 받을 수 있게 해주는 삶입니다. 함께 기도합시다.

"아버지여, 예수의 이름으로 기도합니다.
주의 성령이 우리의 교사요 우리의 인도자이심을 인정합니다.
주의 말씀은 완전하고 최종적인 권위입니다.
주께 구하오니 믿음이라는 이 놀라운 주제에 대해 가르쳐 주옵소서.
어떻게 주님을 기쁘시게 하며, 어떻게 주님이 우리를 부르시고
정해놓으신 방법대로 사는지를 가르쳐 주옵소서.
해답과 방향과 도움을 구하오며 예수의 이름으로 기도합니다. 아멘!"

우리가 어제 보았던 히브리서 11장을 다시 보십시다. 어제 우리는 "믿음이란 무엇인가"에 대해 나누었습니다.

믿음이 무엇입니까? 어느 사람의 의견이나 아이디어가 아닙니다.

하나님은 믿음을 뭐라고 하셨습니까? 히브리서 11장 1절이 믿음의 완벽한 정의를 말해줍니다. 영Young 박사의 문자적 번역본은 이렇게 말합니다. **"믿음은 확신을 바라는 것들에 대한 것이며, 확신을 보지 못하는 문제들에 대한 것이다."** 그래서 "confidence"확신과 "conviction"확신/신념이라는 두 단어가 사용되었습니다.

로마서 4장은 아브라함을 믿음의 본보기로서 높입니다.

20절, **"믿음이 없어 하나님의 약속을 의심하지 않고 믿음으로 견고하여져서 하나님께 영광을 돌리며." 21절, "약속하신 그것을 또한 능히 이루실 줄을 확신하였으니"**fully persuaded=충분히 설득되었으니.

그러므로 한 단어로 말하면, 믿음이 무엇이냐? 설득Persuasion입니다. 만일 여러분이 어떤 것에 믿음이 있다면, 여러분은 그것에 대해 설득이 된 것입니다. 더 이상 흔들리지 않습니다. 더 이상 의심하지 않습니다. 더 이상 동요하지 않습니다.

우리가 야고보서를 보았지요. 만일 뭔가가 필요하면, 하나님께 구하라고 했습니다. 예를 들어, 지혜가 필요하다면, **"아버지께 지혜를 구하라. 그러면 주실 것이다."**라고 했습니다. 하나님은 여러분에게 지혜를 후히 주실 것입니다. 그런데 계속 말하기를 **"믿음으로 구하고 조금도 의심하지 말라"**고 했습니다. 왜냐하면 **"의심하는 자는 마치 바**

람에 밀려 요동하는 바다 물결 같기" 때문입니다. 의심하는 사람은 **"무엇이든지 주께 얻기를 생각하지 말라"**고 했습니다. **"두 마음을 품어 모든 일에 정함이 없는 자로다."**

그러므로 이 믿음의 부족, 이 설득의 부족은 정함이 없는 것, 즉 불안정으로 끝납니다. 무엇이 여러분을 불안정하게 합니까? 확신 없는 것이 여러분을 불안하게 합니다. 동요하고 흔들리는 것이 여러분을 불안정하게 합니다. 불안정하면 우리는 받을 수 없습니다.

그가 말했습니다. **"만일 너희가 의심하고 두 마음을 품으면 아무것도 받지 못할 것이다. 너희는 모든 일에 불안정하다."** 이것은 우리가 용인할 수 없는 상태입니다. 왜냐하면 우리는 하나님으로부터 받아야 하기 때문입니다. 우리는 기도한 것을 받을 수 있어야 합니다. 우리 자녀를 위한 기도, 재정을 위한 기도, 우리 몸의 치유를 위한 기도, 삶의 방향과 기타 많은 것들에 응답을 받아야 합니다. 그런데 우리가 설득이 되고, 안정이 되고, 뿌리를 잘 박고 있지 아니하면 우리는 지혜, 응답을 얻지 못할 것입니다.

성경 히브리서는 우리에게 말합니다. **"하나님은 거짓말을 하실 수 없느니라."** 하나님은 거짓말을 할 수 없다, 하나님은 닻과 같다고 그는 언급합니다. 그것은 우리 영혼의 닻입니다. 물결이 높고, 폭풍이 불고, 바람이 거센 이 세상에서 여러분을 안정시킬 수 있는 닻이 필요합니다. 여러분의 영혼은 여러분의 감정, 정서, 여러분의 마인드에 떠오르는 모든 생각들이 도전해 오는 곳입니다. 만일 여러분이 잘못된 것에 귀를 기울이고, 잘못된 것을 생각하고, 말하고, 잘못된 것을

TV 시청한다면, 여러분은 야고보가 말했듯이 바람에 밀려 요동하는 바다 물결처럼 사방으로 불려 갈 것입니다.

그러나 하나님의 말씀은 변치 않습니다. 어떤 뉴스가 뜬다 해도, 누가 어떤 일을 겪든, 시장이 어떤 변동을 만나든, 성경은 전혀 변동이 없습니다. 여러분이 창세기에서 계시록까지 어디를 읽어도 변함이 없습니다. 하나님은 변치 않습니다. 하나님의 뜻은 변치 않습니다. 하나님의 완전한 길은 변하지 않습니다.

만일 우리가 이 말씀을 먹어서 우리의 마인드를 말씀에 맞게 새롭게 한다면, 우리는 매우 안정적이 될 것입니다. 우리는 이 모든 요동함과 의심을 그칠 것입니다.

사람들이 삶의 어떤 영역에 관해서 이야기할 때 이렇게 말할 수 있습니다. "글쎄 우리는 모르겠어요." 그러나 우리가 성경에서 예컨대 모든 사람이 구원받는 것이 하나님의 뜻이다와 같은 말씀을 볼 때 하나님은 아무도 멸망하기를 원치 않으신다는 것을 알게 됩니다. 때문에 우리는 사람이 구원받는 것이 하나님의 뜻입니까 같은 질문을 하지 말아야 합니다. 그것이 하나님의 뜻임을 알고 있으니까요.

그 동일한 성경이 우리가 치유받는 것은 하나님의 뜻이라고 말합니다. 우리의 필요가 채워지는 것도 하나님의 뜻이고, 성령으로 충만해지는 것도 하나님의 뜻입니다. 우리가 믿음의 양식을 많이 먹을수록 우리의 영혼은 더욱 닻을 내리게 되고, 우리는 더욱 안정이 됩니다. 우리는 아브라함처럼 "확신하게" 되지요.

무엇을 확신하게 되었나요? 하나님이 말씀하신 것을 확신했습니다! 하나님은 그것을 바꾸지 않으실 것입니다. 하나님은 능히 그것을 이룰 수 있습니다. 그것이 여러분에게 어떤 영향을 주나요? 평안이 임하게 되고, 더 이상 의심하지 않습니다. 더 이상 흔들리지 않습니다. 추측하지 않습니다. 주위 형제자매에게 어떻게 생각하느냐고 묻지 않습니다.

나는 여러분이 이 〈믿음 학교〉를 통해서 바로 지금 뭔가 유익을 얻을 줄 믿습니다. 그러나 하나님의 자녀로서 여러분은 바로 그 원천이신 아버지께로 갈 수 있습니다. 하나님이 성경에서 말씀하신 모든 것은 영원히 완전한 사실입니다. 성경은 업데이트나 2.0 버전 같은 것이 없습니다. 절대 없어요. 왜요? 하나님이 처음 그것을 말씀하셨을 때 그것은 그때도 완전했고, 지금 현재도 완전하기 때문입니다. 우리가 그것을 받을 때, 그의 뜻이 무엇인지 결정났을 때 우리는 아무 것도 우리를 요동케 할 수 없는 위치에 들어간 것입니다. 우리는 흔들리지 않고 요동하지 않게 됩니다.

나는 바울 사도가 말한 것을 좋아합니다. 그는 많은 도전과 어려움을 겪었습니다. 성경은 말했습니다. **"그리스도 예수 안에서 경건하게 살고자 하는 자는 박해를 받으리라."** 그러나 여러분이 하나님을 알고 그분 안에 자리를 잡았을 때 여러분은 매번 이깁니다. 여러분은 계속 이깁니다.

그런데 만일 여러분이 처음에 원했던 대로 되지 않는다면, 여러분은 끝난 것이 아닙니다. 다시 시작하면 됩니다. **"하나님은 항상 우리**

를 이기게 하십니다."

그리하여 바울은 박해를 당했습니다. 돌에 맞고, 채찍질을 당하고, 사슬에 매이고, 죄수들과 함께 승선하고, 태풍을 만나고, 배가 가라앉고, 이 모든 일들을 당했습니다. 이런 일이 일어났을 때 그가 이렇게 말했습니다.

"이런 일들 그 어느 것도 나를 요동케 하지 못한다."

여러분도 그렇죠? **"이런 일들 중 어느 것도 나를 요동케 하지 못합니다."**

여러분, 바울이 어떻게 그런 말을 할 수 있었을까요? 그는 안정이 되어 있었습니다. 무엇이 그를 그토록 안정되게 했을까요? 그는 말씀을 통해 그의 성령으로 말미암아 충분히 하나님과 교제했습니다. 그래서 충분히 확신했습니다. 그는 하나님의 뜻과 하나님의 성품과 하나님의 방법에 관한 것들에 대해 완전히 확신하게 되었습니다.

주님께서 그에게 이렇게 말씀하셨을 때 그는 믿었습니다.

"이제 내가 너를 보내노라. 몇 가지 일들이 일어날 것이다. 그러나 내가 너를 붙잡고 있다. 내가 너를 돌볼 것이다. 너는 괜찮을 것이다."

그는 그 말씀을 믿었습니다. 확신했습니다. 심지어 그 태풍 가운데서도 그는 선실에서 기도했습니다. 그때 하나님의 사자가 그에게 말했습니다.

"너는 가이사 앞에서 증언해야 한다."

그래서 그는 깨달았습니다.

"나는 죽을 수 없다. 나는 이 폭풍 속에서 죽을 수 없다."

그가 섬에 도착했을 때 독사에게 물렸지만, 그는 그것을 떨어버렸습니다. 왜요?

"나는 여기서 죽을 수 없다. 나는 이미 주님으로부터 들었다."

그가 확신했습니까? 물론, 확신했지요.

"나는 하나님께서 나를 부르셔서 하게 하신 일을 하도록 약속이 되어 있다."

그러므로 우리가 믿음을 가지며 믿음으로 사는 것에 관해 이야기할 때 여러분은 그것이 신학적 입장이 아니라는 것을 다시금 보셨나요? 그것은 영의 상태입니다. 그것은 영혼이 닻을 내려 단단히 고정시킨 것입니다. 그것은 마인드를 안정시켜서, 다른 모든 사람들을 요동케 하는 것에 여러분이 전혀 흔들리지 않도록 도와주는 것입니다.

여러분이 만일 병원으로부터 나쁜 리포트를 받게 된다면, 그것은 이 질병에 관해 최종적인 말이 아니라는 걸 깨달아야 합니다. 혹 심상치 않은 증상이 나타난다든지, 여러분이 재정 지출을 생각지도 못할 정도로 큰 청구서 비용이 날아들 경우, 다른 사람들은 불안해져서 울며불며 "아이고, 이제 우린 어떡하지? 큰일 났네!"라고 야단법석을 떨 때 어떻게 합니까?

믿음은 여러분으로 그냥 웃으면서 지나가게 할 것입니다.

"우린 전에도 이랬었지. 하나님은 매번 우리를 위해 해결해 주셨어. 하나님은 결코 우리를 실망시키지 않을 거야. 하나님은 거짓말을 하실 수 없고 실패할 수가 없어."

우리는 확신할 수 있습니다. 그 구절을 다시 봅시다.

영 박사의 문자역입니다. **"믿음은 확신**Confidence**을 바라는 것들에 대한 것이며, 확신**conviction**을 보지 못하는 것들에 대한 것이다."** 할렐루야!

이제는 히브리서 10:23을 보겠습니다. 우리가 이런 믿음을 살아내는 가장 실제적인 방법 중 하나가 이 구절에 묘사되어 있습니다. **"또 약속하신 이는 미쁘시니 우리가 믿는 도리의 소망을 움직이지 말며 굳게 잡고."** 여기서 **"믿는 도리의 소망을 움직이지 말며 굳게 잡고"**에 대한 많은 현대적 번역은 이렇게 말합니다. **"우리의 믿음의 고백을 굳게 붙잡고."** 〈역주: 고백이란 말하는 것을 뜻함〉

어떻게 우리가 믿음의 고백을 굳게 붙잡을 수 있을까요? 의심하거나 흔들리지 않는 것입니다. 왜 우리가 흔들리지 않게 될까요? 우리에게 말씀하신 분이 신실하시기 때문입니다. 약속하신 분이 신실하십니다. 사람은 자신의 말에 의해 움직인다고 할 수 있습니다. 만일 여러분이 흔들리기 시작하면, 그것은 즉시 여러분의 입에서 나타날 것입니다.

"글쎄 난 모르겠는데…"

"난 그렇게 생각했어, 하지만 모르겠어…"

"아마 그럴 거야… 아마 그렇지 않을 거야…"

그와 같은 말은 믿음의 고백을 붙잡는 것이 아닙니다.

믿음의 고백이란, 그것이 변치 않는 하나님의 말씀에 근거한 것이라면, 내가 말하고 고백하는 것이 변해서는 안 되지요. 내가 오늘 확신한 만큼 내일도 확신해야 합니다. 왜냐하면 그것이 어제 사실이었다면, 오늘도 여전히 사실이기 때문입니다. 그것은 내일도 여전히 사실입니다. 그것은 변하지 않을 것입니다. 내 주위의 모든 것은 변하겠지요. 하지만 하나님의 말씀은 변하지 않습니다. 그것은 내 영혼의 닻입니다. **"우리의 믿음의 고백을 움직이지 말고 굳게 붙잡읍시다."**

저희 부부의 삶에서 아내인 필리스와 나는 개인적이든, 미니스트리이든 믿음이 똑같이 역사합니다. 어떤 필요가 생겼을 때 우리가 첫 번째로 할 일은 **주님으로부터 듣는 것**이라는 걸 배웠습니다. 하나님이 그의 기록된 말씀으로나 그의 성령으로나 그것을 하시겠다고 말씀하시는 것을 우리가 듣지 못한다면, 어떻게 우리가 하나님이 그것을 하실 것이라고 확신할 수 있겠어요?

그러므로 제1단계는 **하나님께 물어보는 것**입니다. 하나님께로 가세요. 말씀으로 가세요. 기도로 하나님께 나아가세요.

"주님, 이 상황은 어떤가요? 그것은 어떻게 해야 됩니까?"

그다음, **여러분이 그렇게 할 때, 여러분은 한 문구나, 한 말씀을 얻게 될 거예요**. 그것은 성경 말씀의 한 부분일 수도 있고, 하나님의 성령이 여러분을 자극해 준 문구일 수도 있습니다. 때로 그것은 다음과 같이 간단한 것입니다.

"이건 잘 될 것이다… 우리의 이 모든 필요는 채워질 것이다…"

"이 병은 나을 것이다."

여러분에게 떠오르는 어떤 문구가 두드러지게 느껴질 것입니다. 여러분이 그것에 대해 생각하거나, 그것을 들을 때 여러분 속에서 뭔가 자극하는 것을 느낍니다. 여러분이 그런 문구를 얻게 되면 그것은 여러분이 굳게 붙잡으라고 주신 말씀입니다.

하나님은 변치 않습니다. 하나님은 어느 날 "이건 잘 될 거라"고 여러분에게 말씀하시고, 그다음 일주일 후에는 "음, 그건 잘 안될지도 몰라"라고 말씀하지 않을 것입니다. 하나님은 그렇게 하지 않습니다. 하나님은 변치 않습니다.

하나님이 여러분에게 뭔가를 말씀하시고 여러분은 그것을 그로부터 들었고, 그 문구를 받았을 때, 그것을 여러분이 굳게 붙잡아야 합니다. 그것은 여러분이 흔들리지 않고, 요동하지 않고 붙잡아야 하는 것입니다. 그리고 **그것에 대해 끈기를 갖고 매번 그것을 계속 말하고 선포해야 합니다.**

우리 교회에서의 모든 프로젝트는 그렇게 진행합니다. 우리가 어떤 일을 시작하려고 할 때 주님이 한 문구를 주십니다. 말씀을 주십니다. 우리는 그 말씀을 계속 붙잡습니다. 1년이 될 수도 있고, 3년, 5년이 될 수도 있습니다. 그러나 우리는 그 일에 몰두합니다. 어떤 것도 우리를 바꾸도록 하지 않지요.

우리는 이렇게 말합니다. **"우린 이것을 확신한다. 우리는 이걸 확신한다."** 그러므로 우리의 믿음의 고백은 변하지 않습니다. 우리는 그것에 흔들리지 않습니다.

우리 교회에서 지난 몇 개월 동안 우리는 이렇게 말했습니다.

"여분의 돈이 들어옵니다."

"여분의 돈이 들어옵니다. 우리는 모든 부채를 신속히 청산할 것입니다."

여러분, 왜 그렇게 말할까요? 그 이유는 시간이 지나면서 그것이 하나님의 말씀을 통해, 수많은 구절들을 통해 하나님의 뜻이라는 것을 확신하게 되었기 때문입니다. 성령께서 그것을 우리에게 깨우쳐 주셨습니다. 그 결과 우리는 매주 돈이 들어오고 있습니다. 성도들이 헌금 시간 전에 바로 이런 일이 일어나는 간증을 들었습니다.

최근에는 주택의 빚을 청산하고, 신용카드의 빚을 청산한 사람들의 간증을 들었습니다. 그들이 뭐라고 계속 말했는지 아세요? **"나는 여분의 돈이 들어왔습니다. 나는 모든 빚을 신속히 청산할 것입니다."** 그것이 그들의 과거의 믿음의 고백이었고 현재도 믿음의 고백입니다.

그러나 이렇게 말하지는 마세요.

"나는 여분의 돈이 들어왔습니다."라고 말한 다음에, 뭔가 여러분을 신경 쓰게 하는 일이 발생했어요.

그러면 다음 날에는 이렇게 말하기가 쉽죠.

"우리는 넉넉한 적이 없었어. 우리는 항상 뒤쳐진다니까."

아닙니다. 그것은 여러분이 흔들리고 있는 것입니다.

야고보가 흔들리는 사람에게 뭐라고 경고했습니까? 불안정하고, 두 마음을 품은 자는 받지 못할 것입니다. 오늘은 이랬다, 내일은 저랬다 할 수 없습니다.

우리는 일관성을 유지해야 합니다. 하나님은 한결같습니다. 주님은 어제나 오늘이나 영원토록 동일하십니다. 하나님의 말씀은 한 주간 매일, 한 달간 매주 똑같은 말씀을 하십니다.

그러므로 하나님이 말씀하신 것을 우리가 확신할 때, 우리에게 깨우쳐 준 그 말씀, 또는 그 문구를 우리는 받았고, 우리는 그 고백을 흔들림 없이 굳게 붙잡게 되었습니다. 우리가 그렇게 할 때 우리의 삶에서 일할거리를 주님께 드리는 것입니다. 성령께서 기름 부으실 것을 드리는 것입니다. 천사들에게 우리의 삶에서 일하고 성취할 것을 주는 것입니다. 하나님께 일하실 거리를 드리십시다. 아멘이시죠. 여러분은 설득될 수 있습니다. 여러분은 확립될 수 있습니다. 여러분은 요동치 않고, 흔들리지 않을 수 있습니다.

여러분이 시편 1편 등을 읽어보면, 하나님 안에 확립이 된 사람에 대해 이야기합니다. 그 사람은 시냇가에 심은 나무처럼 될 것입니다. 어떤 가뭄이 와도 여러분의 잎은 시들지 않을 것입니다. 여러분 주위 세상에서 어떤 일이 일어난다고 할지라도 여러분은 시절마다 계속 열매를 맺을 것입니다. 그것이 보이나요?

세상이 아무리 겁을 준다 할지라도, 매우 불안정하다 할지라도, 그 가운데서도 여러분과 저는 닻을 내릴 수 있습니다. 우리는 믿음이 강해지고, 확신한 가운데 하나님께 영광 돌릴 수 있습니다. 그가 약속하신 것을 그가 이루실 것입니다. 할렐루야! 하나님을 찬양합니다. 여러분. 다음 시간 〈믿음 학교〉에서 만나겠습니다.

배운 대로 행하기

"너희는 말씀을 행하는 자가 되라"(약1:22)

1__ 무엇을 배웠는가?

2__ 무엇을 행할 것인가?

2-3

믿음은 **보지 못하는 것을** 확신하는 것이다

여러분, 우리 〈믿음 학교〉는 우리의 믿음을 말씀으로 먹이는 곳이요, 우리 영이 점점 강해지는 곳이며, 이기는 자가 되는 법을 배우는 곳입니다. 믿음은 우리를 위한 하나님의 선택이고 뜻입니다. 우리 모두 함께 기도하고, 믿음을 풀어놓읍시다. 그러면 오늘 믿음이 한 단계 더 올라가서 주님을 더 많이 닮아가며 주님께 기쁨이 될 것입니다.

"아버지여, 예수의 이름으로 우리 모두 합심하여 기도합니다.
가르치는 기름 부음을 주옵소서. 성령님은 우리의 교사요
우리의 인도자이며, 하나님의 말씀은 우리의 교과서입니다.
성경은 모든 것에 관하여 우리의 완전하고 완벽한 권위입니다.
오늘 우리가 보고, 듣고, 알아야 할 것을 허락하여 주옵소서.
우리가 듣기만 하지 않고 들은 것을 행하는 자가 되게 하옵소서.
예수님의 이름으로 기도합니다. 아멘."

우리는 지난 시간에 "믿음이란 무엇인가"에 대해 이야기했습니다. 우리는 이미 믿음에 관해 실질적인 근거를 다루었습니다. 오늘도 계속하려고 합니다. 히브리서 11:1은 믿음에 대한 성경적 정의입니다. **"믿음은 바라는 것들의 실상이요 보지 못하는 것들의 증거니."**

영Young 박사의 문자적 역본은 이렇게 말합니다. **"믿음은 확신confidence을 바라는 것들에 대한 것이며, 확신conviction을 보지 못하는 문제들에 대한 것이다."** 그래서 우리는 이 두 단어, "confidence"와 "conviction"을 살펴보았습니다.

우리는 아브라함에 관해 이야기했습니다. 그는 우리에게 탁월한 믿음의 본보기로 제시되었습니다. 그가 많은 민족의 조상이 될 것이라고 하나님이 그에게 말씀하셨을 그는 믿음이 약해지지 않고 주춤거리지도 않았습니다. 그는 하나님이 그에게 말씀하신 것에 불신앙함으로 의심하지 않았습니다. 오히려 그는 확신했고, 믿음이 강해져서 하나님께 영광을 돌렸습니다. 하나님이 약속하신 것을 능히 이루실 줄 확신했습니다. 그러기에 여러분은 아브라함을 묘사하는 언어에서 믿음의 정의를 볼 수 있습니다.

우리가 앞에서 언급했는데요, 「치유자 그리스도」라는 유명한 저자이신 보스워스 목사님이 이렇게 말했습니다.

"믿음은 하나님의 뜻이 알려진 곳에서 시작한다."

하나님의 뜻이 무엇인지 우리가 알지 못하는 것들이 더러 있습니다. "주님, 내가 이것을 하는 것이 주님의 뜻이라면, 내가 그걸 하겠습니다. 만일 아니라면, 주의 뜻이 무엇인지 내게 알려 주세요"라고 기도해야 할 때가 있습니다.

그러나 "만일 주님의 뜻이라면" 아무개가 거듭나게 해주세요! 라는 기도는 성경에 맞지 않습니다. 성경에는 하나님의 뜻이 명확한 것들이 많이 있습니다. 하나님의 말씀이 그것에 대해 말씀하시는 것을 우리가 받아들인다면, 하나님의 뜻은 이미 나타나 있으니 우리는 설득이 될 것입니다. 우리는 확신하게 될 것입니다.

자, 그 구절을 다시 봅시다. 왜냐하면 여기에 믿음이란 무엇인가를 설명하는 것들이 매우 많기 때문입니다. **"믿음은 확신을 바라는 것들에 대한 것이며, 확신이 보이지 않는 문제들에 대한 것이다."**

여기서 두 문구를 보게 됩니다. "바라는 것"과 "보이지 않는 것."

우리는 그것의 확신과 설득을 보았습니다.

하지만 무엇에 대한 것이죠? 구체적으로, 믿음은 두 가지 주요 영역에 대한 확신과 관계가 있습니다. **보지 못하는 것들과 아직 있지 않은/존재하지 않은 것들.**

"키이스 목사님, 왜 아직은 없다고 말하세요?"

"바란다"라는 단어 때문이죠. 바라는 것은 미래와 관계가 있습니다. 로마서를 봅시다. 그것은 보지 못하는 것들과 또한 아직은 존재하지 않는 것들에 대해 말합니다.

로마서 8:24 보세요. **"우리가 소망으로 구원을 얻었으매."**

때로 사람들은 이렇게 생각할지 모르겠습니다.

'아니, 우리는 믿음으로 구원을 받는다고 생각했는데?'

맞아요. 둘 다 맞습니다.

여러분이 한쪽을 발견하는 곳에서 다른 한쪽을 발견할 것입니다.

기억하세요. 믿음이 뭐라고요?

믿음은 "바라는 것들의 실상"입니다. 그러므로 만일 여러분이 믿음을 발견한다면, 바라는 희망도 포함되어 있을 것입니다. 여러분이 스트롱Strong의 성구 사전에서 그것의 정의를 찾아본다면, 소망은 "확신하는 기대"라는 뜻입니다. 바로 이 구절에서도 그것을 보게 됩니다. 기대: 여러분은 기대하고 있습니다. 그래서 그가 말하기를 우리는 **"소망으로 구원을 얻었으매 보이는 소망이 소망이 아니니 보는 것을 누가 바라리요?"**라고 했습니다.

나는 오늘 공부가 흥분됩니다. 그것은 삶을 변화시킵니다. 여러분이 이 원리를 이해하게 되면, 여러분이 기능하고 작용하는 방법이 바뀔 것입니다. 대부분의 세상 사람들은 눈에 보이는 것으로, 오감으로, 그리고 감각과 연관된 이성 작용으로 기능합니다.

그러나 **하나님이 우리를 부르셔서 살게 하시는 방법은 보이지 않는 것을 보고, 보이는 것에 움직이지 않는 것으로 사는 것입니다.**

여러분, 이 성경 말씀이 기억납니까? **"우리가 주목하는 것은 보이는 것이 아니요 보이지 않는 것이니 보이는 것은 잠깐이요 보이지 않는 것은 영원함이라."**고후4:18

우리는 어제 "믿음에 의한 삶"이 어떻게 여러분을 그토록 안정시키는지에 대해 이야기했습니다. 그것은 여러분이 변치 않는 것들에 집중을 하고 바라보기 때문입니다. 그것이 여러분을 안정시키는 것입니다. 내 말은 만일 여러분이 어제 바라보던 바로 그것을 오늘도 바라본다면, 여러분의 감정이 아무리 변한다고 해도, 혹은 의사의 리포트가 변한다고 할지라도, 여러분이 바라보는 것은 변하지 않는다는 뜻입니다. 그러기에 여러분은 오르락내리락하지 않습니다. 여러분은 안정이 되어 있습니다.

24절의 마지막 부분을 다시 읽어봅시다. **"보는 것을 누가 바라리요?"** 여러분이 이미 본 것을 여러분은 기대하지 않습니다. 아직 보지 않은 것을 기대하지요.

그는 25절에서 계속 말합니다. **"만일 우리가 보지 못하는 것을 바라면 참음으로 기다릴지니라."** 여러분은 여기서 "보지 못하는" 것과 "참음으로 기다린다"는 두 가지 요소를 보게 됩니다. 아직은 없으니까 존재하지 않으니까 참음으로 기다리는 거지요.

사람들이 홍보하는 문구 중에 "보는 것이 믿는 것이다."라는 말이 있습니다. 이건 널리 받아들여지고 있는 말인데, 아주 잘못된 것입니다. "오, 나는 그걸 볼 때 믿을 거야." "내가 그걸 보게 되면 믿을 거야."라고 사람들은 말합니다.

아닙니다. 여러분이 보고 나서 믿는 것은 너무 늦습니다. 일단 보게 되면, 그건 믿기에 너무 늦은 거예요. 믿음은 보지 못할 때, 아직은 없을 때만 가능합니다. 그것이 유일한 가능성입니다.

고린도후서 5:7 말씀을 기억하시나요. **"이는 우리가 믿음으로 행하고 보는 것으로 행하지 아니함이로라."** 그는 전혀 다른 두 가지의 기능하는 방식을 대조하고 있습니다. 그러므로 사람들이 "이봐, 보는 것이 믿는 것이야. 나는 그걸 보고 나서 믿을 거야."라고 말할 때 그들은 믿음이 무엇인지 전혀 모른다는 것을 드러내는 것입니다.

그래서 우리가 〈믿음 학교〉를 하는 것입니다. 여기 와서 믿음이 뭔지 배우십시오. 왜냐하면 누구든지 이것에 대해서는 아무것도 알지 못한 때가 있었기 때문입니다. 여러분이 하나님의 자녀로서 아무리 많이 배웠다고 할지라도 모든 걸 다 배운 건 아니기 때문입니다. 우리는 배우고 있습니다. 우리는 자라고 있습니다. 큰 소리로 따라 하세요. **"믿음은 보이지 않고 아직은 없는 것에 대한 것입니다."**

우리는 그것을 이렇게 말할 수 있을 것입니다. "믿음은 보지 못하는 것들에 관하여 확신하는 것입니다." 아직은 없는 것들에 대하여 완전히 확신하고 충분히 설득된 것이 믿음입니다. 보지 못하고, 아직은 없는 것들에 관하여.

그것이 지금 존재하는 순간, 여러분은 그것을 봅니다. 그러면 더 이상 믿음이 필요 없지요. 그것에 관하여 이제는 믿음이 들어갈 여지가 없어요. 그러므로 요한복음 20:24을 봅시다.

우리가 어제는 믿음에 대해서 얘기할 수 있는 가장 탁월한 본보기 중 하나를 살펴보았습니다. 아브라함이죠. 오늘은 여러분이 얘기할 수 있는 가장 탁월한 불신앙의 본보기 중 하나를 보려고 하는데, 도마 사도입니다. 혹자는 그를 가리켜 "의심하는 도마"라고 부르지만, 그렇게 부르지 마세요. 왜냐하면 이 생이 끝난 후 여러분은 천국에서 그를 볼 것이기 때문입니다. 나는 그를 도마 목사님이라고 부르겠습니다.

그러나 이 사건이 우리를 위해 여기에 기록된 것은 우리가 주님 앞에서 중대한 실수를 인식하도록 하기 위해서입니다. 예수님이 죽은 자 가운데서 부활하셨습니다. 요한복음 20:24 말씀을 보세요.

“열두 제자 중의 하나로서 디두모라 불리는 도마는 예수께서 오셨을 때에 함께 있지 아니한지라 다른 제자들이 그에게 이르되 우리가 주를 보았노라 하니 도마가 이르되 내가 그의 손의 못 자국을 보며, 내 손가락을 그 못 자국에 넣으며, 내 손을 그 옆구리에 넣어 보지 않고는 믿지 아니하겠노라 하니라.”

여기에 굉장히 많은 계시가 들어있습니다. 도마는 반응을 다르게 할 수도 있었을 것입니다. 제자들이 “우리가 주를 보았다”라고 했을 때 도마가 “뭐? 너희들이 주를 보았다고? 그렇다면 예수님이 부활하시겠다고 말씀하신 그대로 죽은 자 가운데서 살아나셨네.”라고 말할 수도 있었을 것입니다. 그러면 훌륭한 믿음의 반응이 되었을 것이고 하나님을 기쁘시게 했을 것인데요. 그러나 이 특별한 때에 도마는 “아니야!”라고 말함으로써 가장 좋은 날을 소유하지 못했습니다.

내가 시간을 할애하여 이 이야기를 하는 이유는 여러분이 불신앙의 본질을 배울 수 있기 때문입니다. 사용되는 말은 다를 수 있습니다. 온갖 종류의 다른 상황들이 나타날지 모릅니다.

그러나 그것의 본질은 항상 똑같을 것입니다. 그것은 부정적입니다. 또한 완고하기도 합니다. 불신앙은 완고합니다. 고집이 셉니다. 반항도 볼 수 있습니다.

그들이 도마에게 말합니다.

"우리는 주를 보았다. 그가 살아나셨다! 바로 얼마 전에 우리가 그를 보았다고!"

그러자 도마가 말합니다.

"뭐라고? 아니야. 내가 그 못 자국에 내 손가락을 넣어 보고, 그 창 자국에 내 손을 넣어 보고, 내가 그를 보고, 그를 만져보지 않고는 믿지 않을 거야."

여러분, 히브리서는 불신앙을 가리켜 "악하다"고 말합니다. 성경이 불신앙을 악하다고 말해요. 왜? 그것은 "미안하지만 나는 믿어지지가 않아요."라고 말하는 것 그 이상이라는 걸 아셔야 합니다. 그것은 진리에 동의할 뜻이 없다는 말입니다. 그것은 신뢰할 수 있는 증거 앞에서 완고한 것입니다.

"네, 그가 그렇게 말한 건 내가 알지만, 내가 그걸 보지 않으면, 내가 그걸 느끼지 않으면… 의사의 보고서가 돌아와서 이렇게 말하지 않는 한… 검사 결과가 이걸 보여주지 않는 한… 나는 믿지 않을 거야."라고 말하는 것, 그건 반항적인 것입니다. 그건 완고함입니다. 그건 고집입니다. 그래서 그것은 악합니다. 그건 나쁜 것입니다.

그러면 안 됩니다. **사람들에 관한 일이라면**, 그들이 여러분에게 말하는 모든 것을 믿으면 안 됩니다. 이 세상에서 일어나는 모든 것에 관한 일이라면 그래야 합니다. 그러나 **하나님에 관한 일이라면**, 하나님이 그것을 말씀하시면, 그건 사실입니다. 만일 하나님이 그것을 말씀하셨다면, "나는 그걸 믿지 않겠습니다"라고 말하지 말고, "나는 그걸 믿습니다. 나는 그걸 믿기로 선택합니다."라고 말해야 합니다. 믿음은 선택입니다. 믿음은 의지의 행위, 곧 선택입니다.

여러분은 사람들이 이렇게 말하는 것을 들을 것입니다.

"여러분이 모두 이야기하기를, 예수가 죽은 자 가운데서 살아나셨다는 걸 믿는다고 하는데, 미안하지만, 나는 그런 걸 믿을 수 없어요." 여러분이 그것을 믿을 수 없다는 것은 사실이 아닙니다. 여러분이 믿지 않기로 선택한 것입니다. 그것을 믿을 마음이 없습니다.

요한일서는 말합니다. **"만일 너희가 아버지께서 보내신 아들을 믿으려고 하지 않는다면, *너희는 그를 거짓말쟁이*로 만드는 것이며, 너희는 그가 속량과 구원을 위해 너희에게 주신 것을 받아들이지 않는 것이다."**

여러분은 불신앙이 얼마나 악한지 아시나요? 그건 극도로 나쁜 것입니다. 그건 그저 "미안하지만, 나는 그걸 믿을 수 없어요" 정도가 아닙니다. 그건 반항이요, 완고함입니다. 내가 보기에 도마는 그 모든 걸 생각하지 못했던 것 같습니다.

그러면 왜 하나님의 성령이 이것을 기록하게 하셨을까요? 예수님이 말씀하시고 행하신 것의 많은 부분이 다 기록되지 않았다고 성경은 말합니다. 그러므로 성령이 엄선해서 기록한 이 모든 것들은 그것이 모든 사람, 모든 때, 모든 세대에게 적용되기 때문입니다.

그러므로 우리는 오늘 이 사건으로부터 어떤 교훈을 얻을까요?

도마가 말했습니다.

"내가 보지 않으면/내가 만지지 않으면, 나는 믿지 않을 것이다."

여러분, 이것을 지금 반대로 말해봅시다.

"나는 믿겠습니다"라고 말하세요. 하나님과 그의 말씀과 그의 것들에 관한 거라면, "나는 믿지 않겠다"라고 말하지 말고, "나는 믿겠다"고 말하세요.

26절입니다. **"여드레를 지나서 제자들이 다시 집 안에 있을 때에 도마도 함께 있고 문들이 닫혔는데 예수께서 오사 가운데 서서 이르시되 너희에게 평강이 있을지어다 하시고."** 이것은 예수님이 죽은 자 가운데서 살아나신 후에 거기 서신 것입니다.

27절에서 예수님이 말했습니다. **"도마에게 이르시되 네 손가락을 이리 내밀어 내 손을 보고 네 손을 내밀어 내 옆구리에 넣어 보라."**

여기에 또한 놀라운 계시가 있습니다. 예수님의 몸이 부활하여 영광을 입었음에도 불구하고, 그것은 여전히 십자가에 못 박힌 자국이 있습니다. 그것은 영광의 표입니다. 그것은 그가 우리를 위해 행하신 것을 기억나게 하는 것입니다.

지금 도마는 예수님과 거의 마주한 채 서 있습니다. 그가 예수님을 봅니까? 네, 그가 지금 예수님을 봅니다. 그는 예수님을 느낍니다.

그러면 사람들이 이렇게 말할 것입니다. "야, 내가 그걸 보았다면, 나 역시 믿을 겁니다." 예수님에 의하면, 그건 좋은 게 아닙니다.

뭐라고 하셨지요? "믿음 없는 자가 되지 말고 믿는 자가 되라."

그러므로 우리가 여기서 알 수 있는 것은, 도마가 믿기 전에 보기를 고집하고, 믿기 전에 느끼기를 고집하고, 물리적 증거를 갖겠다고 고집하는 것을 가리켜 예수님은 믿음이 없는Faithless 것이라고 하십니다.

우리가 히브리서에서 보았듯이, 믿음이란 무엇을 다룹니까? 믿음은 **보지 못하고 아직 없는 것을 다룹니다.** 만일 보이는 것이라면, 그것은 믿음이 될 수 없습니다. 만일 그것이 이미 일어난 일이라면, 그것은 믿음이 될 수 없습니다. 그것은 보지 않고 아직은 없는 것이어야 합니다.

예수님이 말씀했습니다. **"믿음 없는 자가 되지 말라."**

그러자 28절에서 **"도마가 대답하여 이르되 나의 주님이시요 나의 하나님이시니이다."** 그는 마침내 확신했습니다.

그러자 예수님이 그에게 말씀하셨습니다. **"도마야, 너는 나를 본 고로 믿느냐 보지 못하고 믿는 자들은 복되도다 하시니라."** 도마가 주님을 바라보고, 그를 만지며, 거기 서 있었어요.

여러분이 보고 느끼기를 요구할 때 거기에는 축복이 없습니다. 보지 못하고 믿는 자들에게 복이 있습니다.

아브라함을 보세요. 하나님께서 그를 데리고 나가서 밤하늘을 올려다보게 했을 때 -나는 하나님이 그에게 이야기하던 그날 밤은 유난히도 맑은 밤이었다고 믿는데- 하늘에는 별들로 가득했었습니다. 어디서나 별들을 볼 수 있었습니다. 아브라함은 이미 나이가 더 많아졌습니다.

하지만 하나님께서 그에게 말씀하십니다. **"내가 너를 많은 민족의 조상으로 삼았노라. 너는 이 모든 별들처럼 많은 자녀들을 낳을 것이다."** 그것은 아직 일어나지 않았습니다. 그와 사라 사이에는 아이가 하나도 없었습니다. 그것은 보이지 않았습니다. 그것은 아직 존재하지 않았습니다.

그러나 아브라함은 그 하늘의 별들을 보고, **"나는 그걸 믿는다, 나는 그것을 믿는다."**라고 말했습니다. 그것이 하나님을 기쁘시게 했습니다. 그것이 하나님을 크게 기쁘시게 했기 때문에 하나님이 그것을 그에게 "의"로 여기셨습니다. 하나님은 그를 "언약의 친구"라고 부르셨습니다.

여러분은 이렇게 말하도록 하세요. **"나는 주님을 신뢰합니다. 나는 아무것도 볼 필요가 없습니다. 나는 아무것도 느낄 필요가 없습니다. 만일 주님이 그걸 말씀하시면, 그걸로 끝입니다. 나는 그것을 믿습니다."** 그것이 하나님을 영화롭게 합니다.

"내가 그것을 보지 않으면, 그것을 느끼지 않으면, 나는 그것을 믿지 않을 것입니다." 이런 태도는 경의를 표하지 않는 것입니다. 신뢰가 들어 있지 않습니다. 거기에는 믿음이 전혀 들어가 있지 않습니다.

그래서 예수님이 도마에게 말했습니다.

"네가 나를 본 고로 믿느냐? 보지 않고 믿는 자들은 복되도다."

여러분은 보지 않았어도 믿는 자들입니까? 여러분은 하나님을 공경하고 하나님을 신뢰합니까?

큰 소리로 말하세요. **"나는 볼 필요가 없습니다. 나는 느낄 필요가 없습니다. 나는 믿음이 강건합니다. 하나님께 영광을 돌립니다."** 할렐루야!

배운 대로 행하기

"너희는 말씀을 행하는 자가 되라"(약1:22)

1__ 무엇을 배웠는가?

2__ 무엇을 행할 것인가?

2-4

믿음은 **기쁨과** 평안이다

여러분, 오늘도 〈믿음 학교〉에 오신 것을 환영합니다. 믿음은 하나님이 우리를 위해 선택하신 삶의 방식입니다. 믿음은 모든 방해물과 시련과 시험을 극복하는 방법입니다. 믿음은 하나님의 모든 축복을 받는 방법입니다.

성경은 말하기를 **"세상을 이긴 이김은 이것이니 곧 우리의 믿음이니라"**고 했습니다. 그러므로 우리의 믿음을 풀어놓고 기도합시다.

"아버지여, 우리 모두 함께 모여 기도합니다.
이 시간 말씀을 주시옵소서. 기름 부음을 주시옵소서.
계시를 주시옵소서. 빛과 생명과 성령의 깨우침을 주시옵소서.
우리 모두가 보고, 듣고, 이해하고, 받을 수 있는 눈과 귀와 마음과
마인드를 주시옵소서. 우리가 그것을 붙잡고 실천할 때 기적과 변화가
일어날 것을 믿으며 예수님의 이름으로 기도합니다. 아멘."

오늘도 히브리서 11장을 다시 보겠습니다. 이번 주에 우리는 "믿음이란 무엇인가"에 대해 나누고 있습니다. 정확히 믿음이란 무엇입니까? 히브리서 11:1은 믿음에 대한 성경의 정의입니다. **"믿음은 바라는 것들의 실상이요 보이지 않는 것들의 증거니."** 영 박사의 문자역으로는 **"믿음은 확신**confidence**을 바라는 것들에 대한 것이요, 확신**conviction**을 볼 수 없는 문제들에 대한 것이다."**

그래서 우리가 첫 번째로 배운 것은 "믿음이란 확신이고, 신념이고, 설득"이라는 것이었습니다. 우리는 믿음의 탁월한 본보기로서 아브라함을 살펴보았습니다. 그는 하나님께서 그에게 말씀하신 것에 대하여 믿음이 약해지지 않고 오히려 믿음이 강건해졌습니다. 그가 하나님의 말씀을 확신했을 때 그것이 하나님을 영화롭게 했습니다. 전혀 의심하지 않고 완전히 확신하고, 충분히 설득되었습니다. 그것이 믿음인데, 한마디로 하면 "설득이 되었다"는 것입니다.

그러면 무엇에 대해 설득되었나요? 믿음이 설득되는 구체적인 영역이 두 가지 있는데, **바라는 것들의 확신과 보지 못하는 문제들의 확신입니다.** 믿음은 보지 못하는 것과 관계있고, 아직은 없는 것과 관계있습니다. 만일 믿음이 바라는 것에 대한 것이라면 아직은 그것을 본 것이 아닙니다.

그러나 우리가 믿음으로 기대를 하고 있다면 그때는 인내로 그것을 기다리지요. 설령 그것을 보고 느끼지 못할지라도 우리는 그것을 확신합니다. 하나님을 믿는다는 것은 보지 못하고 아직은 없는 것들과 관계가 있습니다. 하지만 우리가 그것을 보지 못할지라도 우리는 그것에 대해 확신을 합니다. 설득이 된 것입니다.

베드로전서 1:7에 놀랍게도 상세히 묘사되어 있습니다. **"너희 믿음의 확실함은 불로 연단하여도 없어질 금보다 더 귀하여 예수 그리스도께서 나타나실 때에 칭찬과 영광과 존귀를 얻게 할 것이니라."** 우리의 믿음이 금과 비교되어 있습니다. 믿음은 금보다 더 귀하다고 했습니다. 가장 귀하다는 금은 불순물이 없어야 합니다. 그래서 불로 연단한다는 말을 할 때, 그것은 금의 제련 과정을 말하는 것입니다. 그때 금이 아닌 것들은 금에서 분리되고 제거되어야만 순금이 됩니다. 제련이 되면 될수록 금은 더욱 순금이 되고, 더욱 귀중해집니다.

우리의 믿음도 제련되어야 합니다. 우리의 믿음은 모든 방해물과 순수하지 못한 것들로부터 분리되어야 합니다. 실제로 디모데후서에 나오는 **"거짓이 없는 믿음"**이란 가장되지 않은 믿음. 순수한 믿음. 종교적 쓰레기의 오염이 없는 믿음을 말합니다.

믿음이 아닌데 믿음이라 불리는 것들이 많습니다.

왜 "거짓이 없는 믿음," 즉 가짜가 아닌 믿음이라고 말할 필요가 있었을까요? 그는 연단된 믿음, 금보다 훨씬 더 귀한 믿음을 묘사합니다.

7절 보세요. **"예수 그리스도께서 나타나실 때에 칭찬과 영광과 존귀를 얻게 할 것이니라."** 주님이 오실 때 그는 우리의 믿음을 칭찬하고 존중하실 것입니다. 그러므로 이 세상에서 믿음으로 살고 믿음으로 행함으로써 주님을 기쁘시게 하기 위해 어떤 어려움과 도전도 극복할 가치가 있습니다.

8절은 이 믿음이 어떻게 역사하는지 설명합니다. **"예수를 너희가 보지 못하였으나 사랑하는도다. 이제도 보지 못하나 믿고 말할 수 없는 영광스러운 즐거움으로 기뻐하니"**

9절, **"믿음의 결국 곧 영혼의 구원을 받음이라."** 믿음은 보지 못하고 아직은 없는 것에 대한 것이라고 이미 말했죠? 믿음에는 여러분이 그것을 보지 못하고 그것이 아직 없는데도 불구하고 여러분이 믿을 때가 있고, 확신할 때가 있습니다.

그러나 여러분이 굳게 붙잡고 변하지 않는다면, 그 특별한 부분의 구원이 나타나는 믿음의 결국/끝이 올 것입니다. 그것은 더 이상 보이지 않는 것이 아니며, 더 이상 아직은 없는 것이 아닙니다. 그것은 이제 나타났습니다. 그것은 이제 보이고, 느끼며, 경험됩니다. **"여러분의 믿음의 결국을 받은 것입니다."**

8절을 다시 봅시다. **"예수를 너희가 보지 못하였으나 사랑하는도다 이제도 보지 못하나 믿고 말할 수 없는 영광스러운 즐거움으로 기뻐하니."**

"예수를 너희가 보지 못하였으나."

뭘 한다고요? "사랑하는도다."

여러분, 이것은 지식인들을 곤혹스럽게 합니다. 이것은 어떤 사람들을 혼란케 합니다.

"당신은 하나님을 본 적이 있어요?"

"아니요."

"당신은 맨날 하나님 이야기하고, 하나님을 사랑한다고 말해요. 당신이 그를 본 적이 없다고 내게 말하면서 그를 사랑한다고요?"

"네, 맞아요. 우리의 마음과 뜻과 생각과 힘을 다하여 사랑하지요."

네, 여러분이 그것을 할 수 있는 유일한 한 가지 길이 있습니다. 믿음으로지요. 여러분은 한 번도 본 적이 없는 분을 사랑합니까? 마음과 뜻과 정성과 힘을 다하여 사랑합니까? 믿음으로가 아니고는 다른 어떤 방법으로도 그렇게 할 수 없습니다. 말씀이 계속됩니다. **"이제도 보지 못하나 믿고 말할 수 없는 영광스러운 즐거움으로 기뻐하니."**

여러분. 우리는 하나님을 믿습니다. 우리는 보좌에 앉으신 우리 아버지를 믿습니다. 우리의 주요, 만왕의 왕, 만주의 주이신 예수님을 믿습니다. 그는 위엄의 보좌 우편에 앉으셨습니다. 우리는 그를 눈으로 본 적도 없고, 그를 만진 적도 없습니다. 하지만 우리는 그것을 믿고 확신합니다. 우리는 성경이 말한 대로, 그가 다시 오실 것을 믿습니다. 나팔 소리가 나고, 그리스도 안에서 죽은 자들이 일어날 것입니다. 그때 우리가 여전히 살아 있다면, 우리는 순식간에 변화되어 그와 함께 들려질 것입니다.

여러분이 그런 이야기를 듣고 그것에 대해 생각할 때 그것이 여러분을 행복하게 합니다. 우리의 몸이 점점 늙어가다가 어느 순간 변화될 것입니다. 더 이상 아프지 않게 될 것입니다. 그것을 믿는다면, 그것이 여러분을 행복하게 할 것입니다.

사실, 여러분은 주님이 우리에게 말씀하신 모든 것을 믿습니다. 그것은 여러분 안에서 엄청난 기쁨이 솟아오르게 할 것입니다. 도무지 표현할 길이 없는 기쁨, 말로 형용할 수 없는 기쁨이죠. 영광으로 충만한 기쁨!

하지만 이 모든 것은 여러분이 한 번도 본 적이 없는 것에 대한 것입니다. 아직은 일어나지 않은 것입니다. 그러나 이것이 믿음입니다. **믿음이 무엇이냐? 이게 바로 믿음입니다. 보지 못하는 것들, 아직 없는 것들에 관한 믿음입니다.** 그것이 하나님을 영화롭게 합니다.

이 땅에는 사실 80억의 사람들이 있습니다.2023년 기준 그들은 우리가 예배하는 하나님의 존재를 믿지 않습니다. 그들은 이 성경의 권위도 믿지 않습니다. 그들은 우리를 그저 바보 정도로 생각합니다. 우리가 망상에 빠져 있다는 것입니다.

그러나 우리가 한 번도 본 적이 없는 분을 마음을 다하여 사랑할 때 그것이 하나님을 공경하는 것입니다. 그것이 지금 천국에 가 있는 사람들 앞에서 하나님을 공경하는 것입니다. 이 모든 어둠 가운데서도 여러분과 내가 "할렐루야!"를 외치고 하나님을 찬양할 때 그것이 하나님을 높이는 것입니다.

주님이 말씀하셨습니다. **"두려워 말라. 내가 너희를 위하여 처소를 예비하러 가노라. 그건 놀랍고, 놀라운 장소일 것이다. 내가 다시 오겠다. 내가 너희를 내게로 인도할 것이다."** 우리는 이 말씀을 믿습니다. 그러므로 여러분은 이 문구를 주목해 보셨나요? **"지금은 우리가 그를 보지 못하나 믿고 기뻐하느니라."**

그 문구를 크게 따라 하세요. **"믿고 기뻐하노라."**

다시 말하세요. **"믿고 기뻐하노라."**

이것이 믿음의 표지입니다. 강력한 표지이죠.

로마서 15:16을 보겠습니다. 바로 이 점을 이야기하고 있어요. **"소망의 하나님이 모든 기쁨과 평강을 믿음 안에서 너희에게 충만하게 하사 성령의 능력으로 소망이 넘치게 하시기를 원하노라."** 이 말씀도 믿음 구절이라고 할 수 있습니다. 모든 요소가 다 들어 있어요.

"소망의 하나님." 믿음은 바라는 것들의 확신과 보지 못하는 것들의 확신입니다. 소망의 하나님. 그는 믿음의 하나님이십니다. 그러나 여러분이 믿음에 관여한다면, 소망에도 관여할 것입니다. 그 둘은 함께 연결되어 있습니다. 소망의 하나님. 확신하는 기대. "기대의 하나님이 여러분을 뭘로 충만하게 하신다고요?" **"믿음 안에서 모든 기쁨과 평강을 충만하게"** 하십니다.

여러분이 어떤 것을 확신하지 아니하면 한 번도 본 적이 없는 천국에 대해 기뻐하지 않을 것입니다. 여러분은 믿기로 결정하셨습니다. 여러분은 한 번도 본 적이 없고 손으로 한 번도 만져본 적이 없는 분을 마음과 뜻과 정성과 힘을 다해 사랑하지 않을 것입니다. 여러분에게 말씀하신 것을 확신한 경우가 아니라면 말입니다.

이것은 동화가 아닙니다. 이것은 진리입니다. 이것은 실제입니다. 비록 내가 그것을 볼 수 없어도, 우리가 지금 이야기하고 있는 이런 것들을 볼 수 없다고 할지라도 그들 중 다수는 아직 나타나지 않았습니다.

하지만 여러분이 그것을 믿을 때 더 이상 흔들림은 없습니다. 의심도 없습니다. 혼란도 없습니다. 여러분은 지금 행복해질 수 있습니다. 지금 기뻐할 수 있습니다. 그것은 단지 천국에 관한 것만이 아닙니다. 여러분이 믿는 모든 것에 관한 것입니다.

하나님께서 여러분의 청구서를 지불하도록 도와주실 것을 믿을 때 여러분은 돈이 들어오기 전에 기뻐할 수 있습니다. 믿음은 항상 그렇습니다. 여러분의 몸이 치유될 것을 믿을 때 여러분은 기분이 더 좋아지기 전에도 기뻐합니다. 여러 가지 시험들이 오기 전에, 의사의 보고가 달리 오기 전에 여러분은 기뻐합니다. 여러분은 하나님이 여러분의 기도를 들으신 걸 믿습니다. 믿음으로 여러분은 받은 줄로 믿습니다. 여러분은 **"그가 채찍에 맞음으로 나는 나음을 받았다"**라고 기록된 말씀을 믿습니다. **"나의 하나님이 영광 가운데 그의 풍성한 대로 내 모든 필요를 공급해 주실 것"**이라고 기록된 말씀을 믿습니다. 그 외에도 많습니다.

"소망의 하나님이 모든 기쁨과 평강을 믿음 안에서 너희에게 충만하게 하시기를 원하노라."롬15:13 여러분이 믿음 안에 있을 때 여러분은 기대 안에 있습니다. 그래서 여러분은 기쁨과 평강 안에 있는 것입니다.

우리가 앞서 이것을 이야기했지만, 그것은 반복될 것입니다. 작은 예화를 말씀드리자면, 여러분이 믿음이라는 자동차로 인생길을 달리고 있을 때 여러분이 지켜보면 더 좋을 몇 가지 척도가 있습니다.

바로 이 구절에서 나온 것인데요. 그것은 기쁨이라는 게이지와 평안이라는 게이지입니다. 왜냐하면 우리가 기름 탱크를 믿는다면 기쁨이 있을 것이고, 평안이 있을 것이기 때문입니다.

나는 여러 경우에 아내인 필리스에게 묻습니다.

"여보, 우리가 무엇에 흥분하고 있는 거지요?"

왜냐하면 만일 우리가 어떤 것을 믿을 경우, 나는 무엇에 흥분하고 있는지 알기 때문입니다. 우리는 뭔가 좋은 것을 기대하고 있는 거지요.

만일 우리가 뭔가 좋은 것을 기대하고 있다면, 그것이 이루어졌다는 평안을 가질 것입니다. 하나님이 여러분의 기도를 들으셨습니다. 일이 돌아가고 있습니다. 그러니 여러분은 그 기도에 대한 응답을 기대하고 그런 일들이 성취되기 때문에 기뻐하게 될 것입니다.

우리가 무엇에 관해 흥분합니까? 우리가 인생길을 가다 보면 여기저기 푹 파인 구멍이 있을 수 있습니다. 미끄러지기 쉬운 지점도 있을 수 있습니다. 큰 언덕이 있을 수 있습니다. 인생길에 낮은 계곡도 있을 수 있습니다.

그러나 여러분이 믿음의 자동차로 인생길을 달리고 있을 때 여러분의 기쁨 게이지를 체크하세요. 여러분의 평안 게이지를 체크하세요. 정기적으로 체크하세요. 왜냐하면 기쁨이 전혀 없어질 경우, 기름이 엥꼬 난 차를 타고 있기 때문입니다. 여러분의 평안을 살펴보세요. 평안이 없어요. 그러면 여러분은 겁이 나지요. 기쁨이 하나도 없고, 우울해집니다. 슬퍼집니다. 그것은 여러분이 더 이상 믿음 안에 있지 않다는 것입니다. 평안이 없고 기쁨이 없을 때 여러분의 탱크는 믿음이 완전 바닥 난 것입니다. 여러분의 믿음이라는 자동차는 기름이 다 떨어졌으니 털털거리는 소리를 내다가 멈출 것이고 절망이라는 길가에 처박을 수 있을 것입니다. 왜 그렇게 된 거죠?

하나님께서 우리에게 교회를 주시고 좋은 집회를 주시고 기름 부음 받은 말씀이 선포되는 장소를 주셨습니다. 여러분은 거기 와서 여러분의 귀에 성령의 노즐을 꽂아서 기름 부음 받은 말씀을 만땅으로 채울 수 있습니다. 그렇게 해서 여러분은 믿음을 얻습니다. 여러분의 믿음이 오르고, 오르고 해서 그것을 계기판의 게이지에서 볼 수 있습니다.

여러분, 기쁨이 거기 올라와 있어요. 평안도 올라와 있어요. 여러분이 평안으로 가득 차고 기쁨으로 가득 차 있을 때 우리는 기쁨에 대해 무엇을 알게 되지요?

"여호와를 기뻐하는 것이 우리의 힘이라."

여러분이 기쁨으로 가득 찰 때 힘이 여러분 안에서 올라옵니다. 그것은 여러분이 무엇을 보든지 무엇을 느끼든지에 상관없습니다. 이 모든 것들은 눈에 보이지 않고 아직 존재하지 않습니다.

하지만 하나님이 우리에게 말씀하신 것을 확신하기 때문에 우리는 지금 행복합니다. 지금 기뻐합니다. 우리는 지금 평안합니다. 할렐루야! 그리고 그 힘이 우리로 극복할 수 있게 합니다.

그러하기에 그가 이렇게 말씀하신 것입니다.

"믿음이 온 세상, 모든 것을 이기는 승리입니다."

여러분이 처리해야 할 모든 것을 믿음은 이길 수 있습니다. 아멘.

우리는 이번 주 초에 이런 말을 살폈습니다.

"보는 것은 믿는 것이다"라는 말.

"나는 그걸 볼 때 그걸 믿을 것이다."라고 사람들은 말합니다. 우리는 말씀을 통해서 그것이 정확히 거꾸로 라는 것을 압니다. 그것은 완전히 잘못된 것입니다. 왜냐하면 믿음은 바라는 것들의 확신이요, 보지 못하는 것들의 확신이기 때문입니다.

우리는 아버지를 본 적이 없음에도, 아버지를 사랑합니다. 우리는 천국에 대해 흥분합니다. 거기 가본 적도 없고, 본 적도 없는데도 말입니다. 그러나 우리는 거기 가본 것처럼 흥분합니다. 그것이 믿음입니다.

성경은 시편 27:13에서 이렇게 말합니다. **"내가 살아 있는 자들의 땅에서 주의 선하심을 볼 줄을 믿지 아니하였으면 기진하였으리이다."** [개정역에는 "보게 될 줄 확실히 믿었도다"로 되어 있음]

여기서는 "내가 그것을 볼 것이다. 그러면 나는 믿을 것이다"가 아닙니다. "그것을 믿을 것이다. 그리고 그다음에 그것을 볼 것이다"라고 해야 합니다. 그러니 믿는 것이 그것을 보기 전에 있습니다. 왜냐하면 믿음은 보이지 않는 것과 관계가 있기 때문입니다.

"나는 기진하였다." 이 말은 게이지가 있는 우리의 믿음 자동차와 딱 일치합니다. 왜냐하면 우리가 기쁨이 바닥났을 때 어떤 일이 일어납니까? 우리의 평안이 바닥나고 우리의 믿음 탱크가 비어 있을 때 어떤 일이 일어납니까? 여러분은 기진합니다. 더 이상 추진을 못합니다. 도로 위에서 덜커덩거리다가 멈춥니다. 여러분이 기진했어요. 기쁨이 없지요. 그러니 힘도 없지요. 평안도 없어요. 휴식도 없어요. 믿음도 없어요.

여러분, 이생의 삶에서는 믿음이 없으면 성공할 수 없습니다. 여러분은 포기할 것입니다. 그만둘 것입니다. 사람들이 너무 절망적이 되니까 자살까지 하는 것입니다. 그들은 이런 것과 같습니다.

"아침에 일찍 일어나서 부지런히 뛰는 이유가 뭔가?"

여러분은 잘못된 것을 바라보며 살아왔습니다. 잘못된 것을 생각해 왔습니다. 여러분은 거짓말을 믿고 살아왔습니다. 아침에 일찍 일어나기 위한 목적이 있습니다. 계속 살아갈 이유가 있습니다. 여러분은 하나님의 자녀입니다. 여러분은 이유가 있어서 여기에 있는 것입니다. 하나님은 여러분을 위한 계획과 목적이 있습니다.

그러나 그것을 발견하는 유일한 방법은 **믿음에 의한 것**입니다. 여러분이 그것을 붙잡는 유일한 방법은 **믿음에 의한 것**입니다. 여러분이 매일 그것 안에서 진보를 이루는 유일한 방법은 **믿음에 의한 것**입니다. 믿음에서 믿음으로 계속 발전합니다. 여러분의 믿음이 계속 올라갈 때 여러분은 계속 더 많은 것을 보게 됩니다. 여러분이 더 많이 볼수록 더 많이 흥분됩니다. 그리고 더 많이 평안을 얻고, 더 많이 기쁨을 얻고, 더 많이 힘을 얻습니다. 할렐루야!

배운 대로 행하기

"너희는 말씀을 행하는 자가 되라"(약1:22)

1__ 무엇을 배웠는가?

2__ 무엇을 행할 것인가?

2-5

믿음은 **참는** 것이다

여러분, 〈믿음 학교〉에 나오신 것을 환영합니다. 성경은 말하기를, **"믿음이 없이는 하나님을 기쁘시게 할 수 없다"**라고 했습니다. 우리는 하나님을 기쁘시게 하고 싶습니다. 하나님께서 우리를 가르치도록 합시다.

"아버지 하나님,
예수의 이름으로 우리가 합심하여 간구하오니
기름 부음과 필요한 말씀을 주시옵소서.
주의 높은 방법들을 이해하게 하시고,
이 세상을 본받지 않고 주의 뜻과 주의 방법을 본받도록
자유케 하는 주의 진리를 알게 하옵소서.
우리가 그 진리 가운데 행하게 하옵소서.
예수님의 이름으로 기도합니다. 아멘."

오늘도 우리의 교과서인 성경, 히브리서 11장을 보겠습니다. 우리는 이 주간 내내 "믿음이란 무엇인가"에 대해 이야기하고 있습니다. 믿음이란 정확히 무엇입니까? 히브리서 11:1에 의하면, **"믿음은 바라는 것들의 실상이요, 보지 못하는 것들의 증거입니다."**

영어새번역본은 이렇게 말합니다. **"이제 믿음은 우리가 바라는 것을 확신하며, 보지 못하는 것을 확신하는 것이다."** 한마디로 말하면, 믿음은 설득입니다. 어떤 것에 대해 믿는다는 것은 그것에 설득이 되었다는 뜻입니다. 아브라함은 하나님이 그에게 말씀하신 것을 그가 능히 이루실 것이라고 충분히 설득이 되었습니다.

그러므로 이 구절은 우리가 설득이 된 특정한 영역 두 가지를 말해줍니다. 우리는 **보지 못한 것들에 대해** 설득이 되었고, **아직 있지 않은 것들에 대해** 설득이 되었습니다. 즉, 바라는 것들, 기대하는 것들에 대해서, 또는 아직은 없는 것들에 대해서죠.

우리가 앞에서도 이야기했는데요, 하나님은 **믿음의 하나님**이실 뿐 아니라, 또한 **소망의 하나님**이시라고 했습니다. 우리가 믿을 때 하나님은 모든 기쁨과 평안으로 우리를 채우십니다.

다시 베드로전서 1:7을 보겠습니다. **"너희 믿음의 확실함은 불로 연단하여도 없어질 금보다 더 귀하여 예수 그리스도께서 나타나실 때에 칭찬과 영광과 존귀를 얻게 할 것이니라."**

우리의 믿음은 이생의 삶과는 관련이 없습니다. 우리가 지금 여기에서 사용법을 배우는 믿음은 우리가 남은 생애 동안 사용할 것입니다. 왜냐하면 믿음은 영원한 과거와 현재와 영원한 미래에 하나님이 기능하는 방법이기 때문입니다.

그렇지만 이 믿음은 지금 살아가는 동안에 정결해지게 된다고 그는 말씀하셨습니다. 그래서 우리가 이생을 살면서 믿음을 발전시킬 때 이생이 끝나면 주님께서 친히 이 믿음을 존중하실 것입니다. 예수님이 나타나실 때 이 믿음을 칭찬하신다고 하셨습니다.

8, 9절은 이 믿음을 이렇게 묘사합니다. **"예수를 너희가 보지 못하였으나 사랑하는도다 이제도 보지 못하나 믿고 말할 수 없는 영광스러운 즐거움으로 기뻐하니 믿음의 결국 곧 영혼의 구원을 받음이라."** 우리는 주 예수를 본 적이 없습니다. 그럼에도 우리는 그를 사랑합니다. 우리가 그를 본 적이 없을지라도, 우리는 미리 지금 기뻐합니다. 여러분이 한 번도 본 적이 없는 사람을 어떻게 사랑할 수 있습니까? 네, 육신만이 유일한 실재가 아닙니다. 영도 실재입니다.

사실, 성경은 이 모든 것이 없어질 것이라고 말합니다. 심지어 지금 존재하는 바로 이 하늘과 땅도 없어질 것입니다. 그리고 새 하늘과 새 땅이 생길 것입니다. 현재 상태의 이 몸도 변화될 것입니다. 우리는 모두 그것을 기대하고 있습니다.

다시 히브리서 11장으로 가봅시다. 11장 전체는 "믿음"이라는 이 놀라운 주제를 다루고 있습니다. 믿음의 정의는 서두에 나와 있습니다. 그러나 2절부터 40절까지 구절마다, 사례마다 **믿음은 보지 못하고 아직은 없는 것들에 대한 확신**이라고 했습니다.

그는 여러분이 정의에 매달리게 하지 않습니다. 그는 아브라함, 사라, 노아, 삼손 등 살아 있는 믿음의 사례들을 여러분에게 보여줍니다. 그들의 삶 가운데 일어난 이 모든 놀라운 기적 같은 일들은 믿음을 통해서 일어났다고 성경은 말해줍니다. 그것이 일어나게 한 것은 **하나님의 능력**이었지만, 그것을 받고, 반응하고, 걷고, 행하게 한 것은 **그들의 믿음**이었습니다.

6절을 보세요. **"믿음이 없이는 하나님을 기쁘시게 하지 못하나니 하나님께 나아가는 자는 반드시 그가 계신 것과 또한 그가 자기를 찾는 자들에게 상 주시는 이심을 믿어야 할지니라."** 만일 여러분이 그 모든 상급을 항상 보고, 하나님의 선하심이 모든 상황에서 즉시 나타나는 것을 본다면, 여러분은 그가 상 주시는 분이라는 걸 믿을 필요가 없을 것입니다. 그 말은 여러분이 아직 그것을 보지 않았고, 아직 경험하지 않았고, 그렇게 될 것 같지도 않은 때와 상황이 있을 것이란 뜻입니다.

그렇지만 여러분은 하나님의 선하심을 확신하고 있습니다. 그래서 내가 그분과 계속 연결되어 있을 경우, 이것으로부터 상과 축복과 혜택이 나올 것입니다. 내가 오늘 그것을 보지 못할지라도, 내 믿음의 결국을 받게 될 것입니다. 이 모든 것을 말하고 행하기 전에, 안개가 걷히고 나면 우리는 승리를 가지고 여기에 서 있을 것이며, 하나님은 선하셨고, 하나님은 실재하시며, 하나님은 상 주시는 분임이 분명해질 것입니다.

그러나 7절을 보세요. **"믿음으로 노아는 아직 보이지 않는 일에 경**

고하심을 받아 경외함으로 방주를 준비하여 그 집을 구원하였으니 이로 말미암아 세상을 정죄하고 믿음을 따르는 의의 상속자가 되었느니라." 우리가 창세기를 읽어보면, 그때까지도 요즘 같은 비가 땅에 내리지 않았습니다. 실제로 우리가 지금 경험하는 것보다 더 우월한 시스템과 기능 방법이 있었습니다. 아주 완벽한 이슬과 강한 안개가 분명히 있었습니다. 너무 적지도 않고 너무 많지도 않았습니다. 모든 것에 물이 완벽하게 공급되었습니다. 인간이 타락하여 망쳐버리기 전에 에덴동산이 있었습니다.

요즘에는 비가 너무 적게 오거나, 너무 많이 옵니다. 너무 건조하거나, 너무 습하거나, 너무 범람합니다. 그것은 하나님이 디자인한 것이 아닙니다. 타락의 결과입니다. 그러나 타락 후에도 홍수 때까지 모든 것은 변하지 않았습니다. 그래서 곧 홍수가 올 것이라고 이야기할 때 그들은 한 번도 경험한 적이 없었기에 홍수가 무엇인지 아는 사람이 없었습니다. 홍수를 이해한 사람이 없었습니다.

그러나 하나님께서 노아에게 홍수가 올 것이라고, 비가 내리고 홍수가 와서 모든 것이 물로 덮일 것이라고 하셨을 때 하나님이 그에게 말씀하신 것 외에는 이 땅에 그것을 믿을 이유가 없었습니다. 아무도 홍수를 본 적이 없었으니까요. 그것을 경험한 사람이 하나도 없었습니다.

그래서 우리는 왜 하나님이 노아를 택하셨는지, 왜 그에게 말씀하셨는지 그 이유를 보게 됩니다. 기상학적 증거가 하나도 없지만, 하나님의 말씀을 믿을 사람이 여기 있다는 것을 그는 아셨기 때문입니다. 노아는 그 당시 하나님께서 그에게 말씀하신 것이 일어날 수 있다는 것을 그에게 말해줄 만한 전문가를 한 사람도 찾을 수 없었을 것입니다. 그런 일은 한 번도 일어난 적이 없었습니다. 역사도, 기록도 없었습니다. 당시의 대기 상태로 보자면, 홍수는 일어날 수 없었습니다. 그러니 그들은 그런 상태가 바뀔 수 있다, 대기가 바뀌고, 땅의 깊은 곳들이 터질 수 있다는 것을 알지 못했습니다. 바야흐로 무슨 일이 일어날 것인지 감지할 수 있는 사람이 하나도 없었습니다.

하지만 노아는 그런 정보를 가질 필요가 전혀 없었습니다. 비록 보지 못한다고 해도, 증거가 없다고 해도, 한 번도 일어난 적이 없었다고 해도, 노아는 믿음으로 방주를 짓기 시작했습니다.

여러분, 왜 노아가 성경책에 들어 있는지 아세요? 그가 조롱을 당했다는 것을 알려주는 성경의 증거가 있습니다. 이것은 겨우 며칠 정도 계속된 것이 아니었습니다. 수년 동안 계속 조롱당했습니다.

그것 말고도, 이것은 대형 프로젝트입니다. 그 모든 돈이 어디서 나옵니까? 만일 여러분이 자연 세계에서 그렇게 할 이유가 전혀 없는 일을 매일 하면서 거기에 모든 돈을 다 쏟아붓는다면 사람들이 여러분을 조롱할 것입니다.

비록 이 땅에서 조롱하고 조소하는 일이 있다고 할지라도, 노아가 말하고 행하는 것은 천국의 하나님을 공경하는 일이었습니다. 온 세상이 하나님께서 말씀하신 것을 비웃고 조롱하는 가운데서도, 여기에 이렇게 말하는 한 사람이 있습니다.

"하나님이 그렇게 말씀하셨다면, 우산을 준비하는 게 더 낫다. 배를 구하는 게 더 낫다. 여러분에게 필요한 게 그것이고, 우리도 큰 배가 필요하다." 여러분은 그것이 보입니까?

노아는 경외함으로 움직였습니다. 보이는 게 아무것도 없고, 오직 주님으로부터 받은 말씀밖에 없을 때 그는 그의 가족을 구원하기 위해 방주를 준비하기 시작했습니다.

우리는 이런 본보기를 따르길 원합니까? 네, 물론입니다.

여러분이 건너뛰어 24절 이하를 보시면, 이것이 나에게는 너무도 강력한 말씀입니다. 보이지 않는 것에 관한 그 말씀이 여러분에게도 그러할 것입니다.

노아를 좀 더 잘 이해하기 위해 히브리서 11:24-27을 보겠습니다. **"믿음으로 모세는 장성하여 바로의 공주의 아들이라 칭함 받기를 거절하고 도리어 하나님의 백성과 함께 고난 받기를 잠시 죄악의 낙을 누리는 것보다 더 좋아하고 그리스도를 위하여 받는 수모를 애굽의 모든 보화보다 더 큰 재물로 여겼으니 이는 상 주심을 바라봄이라. 믿음으로 애굽을 떠나 왕의 노함을 무서워하지 아니하고 곧 보이지 아니하는 자를 보는 것 같이 하여 참았으며."**

왜 노아가 방주를 지었습니까?

왜 그가 모든 시간과 노동과 돈을 수년간 방주에 쏟아부었습니까?

왜 그가 조롱과 조소와 비웃음과 희롱을 참고 견디었습니까?

그는 보이지 않는 것을 바라보고 있었습니다. 그는 보이지 않고 아직 없는 것에 완전히 기반을 두고 있었습니다.

모세는 히브리인임에도 바로의 공주에게 입양되어 왕자로 양육을 받았습니다. 그는 왕가의 가족이 되었습니다. 바로와 가족들은 살아 있는 신과 같은 대접을 받았으니 부족하고 모자란 게 전혀 없었습니다.

하지만 그가 성인이 되자, 하나님의 백성과 함께 고난받기를 선택했습니다. 그들과 함께 광야에서 살기를 선택했습니다. 그들은 노예로 종살이하는 사람들이었는데, 모세는 애굽의 모든 보화 대신 그들과 같이 학대받기를 선택했습니다.

왜 그랬을까요? 그는 이 땅의 삶이 전부가 아니라는 계시를 받았기 때문입니다. 지금 당장은 볼 수 없는 뭔가가 이생 너머에 있다는 계시를 그는 받았던 것입니다. 하나님을 신뢰하고 순종하는 자들에게는 이생이 끝난 후에 오는 상/상급이 있습니다.

우리는 지금 보지 못하는 것, 아직은 없는 것에 대해 이야기하고 있습니다. 실제로 모세는 사치하고 호화로운 삶의 방식과 모든 재물, 모든 특별대우를 포기했습니다.

그는 이렇게 말했습니다. "아니오. 나는 왕과 같이, 바로와 같이 경건하지 않은 사람들, 믿지 않는 사람들과 함께 살기보다 차라리 하나님의 백성들과 함께 능욕을 받고 싶습니다. 나는 믿음을 선택합니다. 나는 보이지 않는 것을 보는 것으로 선택합니다. 나는 아직 일어나지 않은 것들에 대해 기뻐하기를 선택합니다."

사람들은 비웃고 조롱할 수 있습니다. 그러나 그가 선택한 게 바로 그것입니다. "그는 참았습니다."

그가 어떻게 그렇게 했습니까? 27절입니다. **"믿음으로 애굽을 떠나 왕의 노함을 무서워하지 아니하고 곧 보이지 아니하는 자를 보는 것 같이 하여 참았으며."**

큰 소리로 따라 하세요. **"보이지 아니하는 자를 보는 것 같이."** 할렐루야! 여러분은 보이지 않는 것을 볼 수 있습니까?

어떻게 봅니까? 믿음으로, 믿음으로 봅니다.

보세요. 우리는 히브리서 11장을 읽었습니다. 성경은 장과 절로 구분되어 기록되지 않았습니다. 그러므로 12장은 사실상 11장에 있는 사상의 연속인 것입니다.

12장을 보세요. 그는 11장에서 2절부터 40절까지 믿음이 무엇인가에 대해 묘사했습니다. **믿음은 보지 못하고 아직은 없는 것들을 확신하는 것입니다.**

그런데 12:1은 이렇게 말합니다. **"이러므로 우리에게 구름 같이 둘러싼 허다한 증인들이 있으니."** 구름 같이 둘러싼 허다한 증인들이 무엇입니까? 그가 지금까지 말한 그 모든 사람들, 그들과 함께 했던 모든 사람들, 여기 이 땅에서 평생을 믿음으로 살고, 지금도 계속 살고 있는 사람들입니다.

여러분은 믿음의 사람들이 정말로 좋아하는 것 한 가지를 아세요? 같은 믿음의 사람들이지요. 왜냐하면 여러분이 어디서 같은 믿음을 발견하든, 남자와 여자가 상관없고, 배경과 문화가 상관없습니다. 믿음은 믿음을 알아봅니다. 누군가가 일어나서 믿음으로 말하고 행동할 때 여러분은 심장이 뜁니다.

"야, 나와 같은 믿음이 저기 있구나!"

네, 천국에 있는 모든 성도들이 같은 종류의 믿음이며, 그들은 우리를 그들과 같은 종류의 믿음으로 인정합니다.

그들은 우리가 뭘 하기를 원하고 있을까요? **그들은 우리가 하나님이 가지신 믿음과 같은 믿음, 예수님의 믿음과 같은 믿음을 갖기를 원할 것입니다. 아브라함이 믿음으로 걸었고, 노아와 요셉이 믿음으로 걸었고, 예수님과 바울이 믿음으로 걸었던 것과 같은 믿음으로 행하길 원할 것입니다.**

"이러므로 우리에게 구름 같이 둘러싼 허다한 증인들이 있으니 모든 무거운 것과 얽매이기 쉬운 죄를 벗어 버리고 인내로써 우리 앞에 당한 경주를 하며 믿음의 주요 또 온전하게 하시는 이인 예수를 바라보자."

뭘 바라본다고요? "예수를 바라보자."

이것은 여러분의 육안을 가지고 물리적으로 예수를 바라본다는 이야기입니까? 아니죠.

그것은 고린도후서 4:18에서 말하는 것을 뜻합니다. **"우리가 주목하는 것은 보이는 것이 아니요 보이지 않는 것이니 보이는 것은 잠깐이요 보이지 않는 것은 영원함이라."** 보이는 것은 모두 없어질 것입니다. 왜 보이는 것에 집착합니까? 그것은 여기 이 땅에 더 오래 있지 못할 것입니다.

나는 믿음으로 예수를 바라볼 수 있습니까? 그는 실재합니까? 그는 거기 계십니까? 설령 내 육안으로 그를 보지 못한다고 할지라도 그는 실재하시며, 그는 거기 계십니다.

바로 그가 내게 이 믿음을 주셨습니다.

그가 내 안에서 착한 일을 시작하셨습니다.

그리고 그는 내 안에서 이 착한 일을 완수하고 마치실 것입니다.

그는 내 믿음의 시작이요 끝입니다.

내 안에 있는 믿음을 완성하시는 분입니다.

그는 시작하셨고, 행하셨으며, 이제는 내가 그의 발자취를 따라가고 있습니다. 나는 그의 발자취를 따라 달려가고 있습니다. 할렐루야!

나는 예수님처럼 살고 싶습니다. 나는 예수님처럼 믿음으로 살고, 예수님처럼 기도하고, 예수님처럼 믿으며, 예수님처럼 말하고, 예수님처럼 이기며 살고 싶습니다.

이생이 너무 짧기 때문에 우리는 이렇게 할 수 있습니다. 지금은 시간이 오래 걸리는 것처럼 보일 수 있지만, 우리가 경험한 유일한 생이 이것뿐이기 때문에 그토록 짧은 것입니다.

이생은 곧 끝날 것입니다. 우리는 바울처럼 말하고 싶어 합니다.

"나는 선한 싸움을 싸우고 나의 달려갈 길을 마치고 믿음을 지켰다."

바울은 어떻게 그렇게 했습니까?

노아는 어떻게 그렇게 했습니까?

아브라함은 어떻게 그렇게 했습니까?

모세는 어떻게 그렇게 했습니까?

예수님은 어떻게 그렇게 했습니까?

믿음으로 했지요! 보이지 않는 분을 믿음으로써지요. 믿음으로입니다. 믿음!

그가 말했습니다. "그는 참았습니다."

여러분은 참는 것을 좋아하지 않지요? **"그는 보이지 아니하는 자를 보는 것 같이 하여 참았습니다."** 바로 지금 그것에 근거하여 행동합시다.

여러분, 여러분은 놀랄만한 또는 고통스러울 수 있는 일들이 많이 있을지 모르겠습니다. 잠깐 눈을 감으시고, 그런 것들을 더 이상 바라보지 마세요. 눈에 안 보이는 주님을 바라보세요.

큰 소리로 따라 하세요. **"나는 나의 주, 나의 구주, 나의 믿음의 시작이요 마침인 예수님을 바라봅니다."** 오, 할렐루야!

성경은 모세가 참았다고 말했습니다. 이스라엘 백성들은 여러 가지 일들을 겪었습니다. 그 모든 재앙들을 겪었고, 그 모든 어려움들을 겪었고, 그다음에는 홍해를 건넜으며, 이런저런 일들을 겪었습니다. 모세가 어떻게 참았습니까? 보이지 않는 분을 보는 것 같이 하며 참았습니다. 여러분이 그렇게 할 수 있는 유일한 방법은 믿음으로 하는 것입니다.

여러분이 히브리서 12장에서 나머지 부분을 읽어보면, **예수님 자신이 어떻게 십자가를 참으셨는가를 말해줍니다.** 예수님은 그 앞에 있는 기쁨을 위하여 십자가를 참으셨습니다. 그것이 믿음같이 들립니까? 그는 고통을 경험하셨습니다.

그러나 그는 고통을 바라보지 않았습니다.

그는 아직 보이지 않는 것, 아직은 없는 것을 바라보았습니다.

그는 여러분의 얼굴과 나의 얼굴을 볼 수 있었습니다.

그는 훗날 우리가 구원받고, 용서받는 것을 볼 수 있었습니다.

그것으로 인해 그는 바로 그때 진행되는 고통을 참았습니다.

큰 소리로 따라 하세요. "나는 예수님처럼 살고 있습니다. 나는 예수님처럼 **걷고 있습니다.**" 할렐루야!

배운 대로 행하기

"너희는 말씀을 행하는 자가 되라"(약1:22)

1__ 무엇을 배웠는가?

2__ 무엇을 행할 것인가?

Week 3

믿음이 어떻게 오는가?

3-1

기름 부음 받은 **선포된 말씀을** 들음에서 온다

여러분 안녕하세요. 〈믿음 학교〉에 오신 것을 환영합니다. 〈믿음 학교〉는 우리의 믿음을 말씀으로 먹이고, 우리의 영이 점점 강해지며, 이기는 자가 되는 방법을 배우는 곳입니다. 할렐루야! 그러므로 이 시간 말씀을 주시도록 우리 모두 함께 믿고 기도합시다.

"아버지, 예수님의 이름으로 우리 모두 합심하오니
이 〈믿음 학교〉가 온 세상으로 뻗어 나가게 하옵소서.
말씀과 기름 부음을 주시옵소서.
주님의 뜻이 무엇인지 정확히 알려 주옵소서.
잘못된 생각이 고쳐지게 하옵소서.
예수님의 이름으로 기도합니다. 아멘!"

우리는 처음에 **믿음의 기초**에 대해 공부했습니다.

"왜 믿음인가?" 믿음이란 우리가 정신적으로 동의하거나 일치하는 것들의 신조가 아닙니다. **성경은 우리에게 믿음으로 살고 믿음으로 행하라**고 권했는데, **믿음은 삶의 방법**입니다. 우리는 아침에 믿음으로 일어나, 믿음으로 일할 준비를 하고, 매일 믿음으로 직장 생활을 해야 합니다. 믿음으로 하든지, 아니면 두려움과 불신앙으로 할 수 있습니다.

또 하나의 삶의 방식이 있습니다. 모든 신자는 그것을 알고 실천해야 합니다. 성경은 말하기를 **"세상을 이기는 승리는 이것이니 우리의 믿음이니라"**라고 했습니다. 그것은 승리의 영입니다.

성경은 믿음의 영에 대해 말합니다. 그것은 믿음에 대한 지식이 아니고, 여러분 안에 있는 영입니다. 그래서 항상 긍정적입니다. 보고 느끼는 것과 상관없이, 여러분은 하나님이 거기 계심과 그가 여러분을 도와주실 것을 믿습니다. 그가 여러분의 기도에 응답하심을 믿습니다. 여러분의 믿음과 말이 효과가 있다는 것을 여러분은 믿습니다.

그러므로 여러분은 극복하고 승리할 것을 기대하며 모든 것을 대합니다. 그러면 여러분의 인간관계는 훨씬 더 좋아집니다. 친구들이 더 많아질 것입니다. 왜냐하면 그들이 다운될 때 여러분은 그들에게 힘이 될 것이기 때문입니다.

여러분은 매사에 적극적이 될 것입니다. 사람들이 여러분에게 "방법이 없어"라고 한탄할 때 여러분은 "아, 방법이 있지. 유일한 길이 있으니 곧 예수라는 분이야. 능력이 많으신 분이지. 곧 만물을 창조하신 아버지 하나님이시죠. 길이 있어. 당신이 그것을 찾고 기대할 때 그것을 발견할 거야. 당신은 그분을 만날 수 있어!"

우리는 믿음이 삶의 방식이라는 걸 알았습니다. 그것은 하나님이 기능하시는 방법입니다. 그것은 하나님께서 우리에게도 기능하라고 말씀하신 방법입니다. 로마서 10장에 보면, **믿음을 얻는 방법, 곧 믿음이 어떻게 오는가**에 대해서 말하고 있습니다.

13절은 이렇게 시작합니다. **"누구든지 주의 이름을 부르는 자는 구원을 받으리라 그런즉 그들이 믿지 아니하는 이를 어찌 부르리요 듣지도 못한 이를 어찌 믿으리요 전파하는 자가 없이 어찌 들으리요?"**

하나님의 성령이 바울을 통해 사람들이 구원받는 방법, 곧 하나님께서 어떻게 사람들이 구원받도록 정해 놓으셨는가를 알려 주십니다. 여러분이 뭔가를 믿지 않는다면, 구원받기 위해 주의 이름을 부르지 않을 것입니다. 여러분이 어떤 것을 듣지 않았다면, 믿지 않을 것입니다. 이것은 어떻게 믿음을 얻는가에 대한 답이기도 합니다.

믿음이 어떻게 옵니까? 여러분이 듣지 아니하면 믿지 않을 것입니다. 예수님에 대해 듣지 않으면 예수를 믿을 수 없습니다.

"전파하는 자가 없이 어찌 들으리요?"

15절입니다. **"보내심을 받지 아니하였으면 어찌 전파하리요?"**

여러분이 학교에서 무엇을 배우고 머리에 지식을 가득 채운다고 해서 영적인 사역자가 될 수는 없습니다. 그것이 여러분을 부르심 받은 자나 기름 부음 받은 자로 만들지 못합니다. 나는 교육을 폄하하는 게 아닙니다. 여러분은 배우고 발전하고 싶어 합니다.

그러나 예컨대 복음 전파에 관한 한, 우리는 진리를 다른 사람들에게 전할 수 있어야 합니다. 그러나 그것이 여러분을 설교자로 만들지는 못합니다. 그것이 여러분을 오중 사역 은사, 곧 사도, 선지자, 복음 전하는 자, 목사와 교사 중 하나로 만들지 못합니다. 여러분은 부르심을 받고 기름 부음을 받아야 합니다.

내가 이 화두를 꺼내는 이유는 그것이 듣는 것과 관계가 있기 때문입니다. 어떤 종류의 듣는 것을 말해야 믿게 될까요? 말하는 자에게 기름 부음이 있습니다. 15절, **"아름답도다 좋은 소식을 전하는 자들의 발이여!"** 그것이 복음입니다. "복음"의 정의는 "좋은 것들의 좋은 소식"입니다.

여러분이 성경을 읽으면, "좋다"good는 단어가 하나님에 대한 언급으로 많이 사용되는 것을 볼 수 있습니다. 그 말은 하나님이 좋으시며, 그가 하시는 말씀이 좋고, 그가 행하시는 것이 좋고, 그가 주시는 것이 좋고, 다 좋다는 뜻입니다.

16절을 보세요. **"그러나 그들이 다 복음을 순종하지 아니하였도다 이사야가 이르되 주여 우리가 전한 것을 누가 믿었나이까 하였으니."**

자, 여기서 "전한 것"report이란 단어는 "들음"hearing으로 번역된 단어와 같은 말입니다. 우리의 리포트 즉, 들은 바를 누가 믿었습니까? 말해진 것, 들은 것을 누가 믿었습니까? 믿는 것과 듣는 것은 불가분의 관계입니다. 한 번도 들은 적이 없는 것을 믿을 수는 없습니다. 그러기에 17절에서 **"그러므로 믿음은 들음에서 나온다"**라고 말하는 것입니다.

여러분 모두 큰 소리로 따라 하세요. **"믿음은 들음에서 나온다." 그것이 믿음이 나오는 방법입니다.** 이것이 너무도 중요하기에, 원수 마귀가 사람들을 혼동케 하려고 기를 씁니다.

그래서 사람들로 믿음을 달라고 반복적으로 기도하게 합니다.

"오, 하나님. 제발 저에게 믿음을 주세요. 제발 저에게 믿음을 주세요." 이렇게 기도하는 것입니다.

그러나 성경은 믿음을 달라고 간청하거나 구하면 믿음이 온다고 말하지 않았습니다. 믿음이 있다고 생각되는 다른 사역자들에게 가서 "내가 믿음을 얻도록 안수해 주세요"라고 하는 사람들이 있습니다. 그러나 **성경은 안수를 통해서 믿음이 온다고 말하지 않았습니다.**

그러면 믿음이 어떻게 올까요?

그 구절을 다시 읽어봅시다. **"그러므로 믿음은 들음에서 나며 들음은 그리스도의 말씀으로 말미암았느니라."** 이것이 믿음이 오는 방법입니다. 그래서 우리가 〈믿음 학교〉에 나오는 것입니다. 여기에 나와서 믿음을 얻으세요. 그러면 여러분의 믿음이 증가하고 자랄 수 있습니다.

그러므로 바로 지금 무엇이 진행되고 있나요? 무엇인가 들을 것이 있어야 합니다. 그 구절의 후반부는 말하기를, 들음은 그리스도의 말씀으로 말미암았다고 했습니다. 믿음은 들음에서 나오며, 그 들음은 그리스도의 말씀으로 말미암습니다.

한편, 여기에 내가 제시하고 싶은 단어가 두 개 있습니다. 나는 원어에 정통하다라고 할 수는 없지만, 성구 사전에서 찾아볼 수 있습니다. 바로 여기 이 두 단어 "그리스도의 말씀"은 기본적으로 두 단어인데, **"레마"**라는 단어와 **"크리스토스"**라는 단어입니다. "레마"는 **말씀**과 관계가 있고, "크리스토스"라는 단어는 **그리스도**를 말합니다.

그러므로 이렇게 말할 수 있을 것입니다. **"믿음은 들음에서 나오며 들음은 레마 크리스토스로 말미암습니다."** 믿음이 어떻게 옵니까? 믿음은 레마 크리스토스를 들음으로써 옵니다.

한편, "레마"라는 단어는 **"선포된 말씀"**Spoken Word을 뜻합니다. 그것은 또한 "말하는 것"saying 으로도 번역이 됩니다. 또 "발언"utterance으로도 번역됩니다. 그렇게 해야만 뜻이 분명해집니다.

어떻게 말씀을 듣습니까? 말이 발성되어야 합니다. 입에서 나와야 하는 것이죠.

그러나 그다음 부분이 놀라운 계시입니다. 그것은 바로 "크리스토스"라는 단어입니다. 크리스토스는 기름 부음 받은 자와 관계가 있습니다. 예수님은 그리스도, 곧 기름 부음 받은 자이십니다.

그러면 왜 기름 부음 받은 자라는 단어를 사용합니까? 하나님을 믿는 믿음은 단지 고막에서 반사해 나오는 음파에 의해 생기지 않기 때문입니다. 기름 부음이 수반되어 있습니다. 아무 종류의 들음이나 다 해당되는 것이 아니라, 기름 부음 받은 말을 듣는 것입니다. 할렐루야! 바로 거기서 믿음이 나오는 것입니다.

우리가 하나님이 말씀하시는 것을 듣는데, 기름 부음은 말로 선포된 것에 있습니다. 그래서 우리가 그 말씀을 받는다면 바로 그것이 믿음을 생기게 합니다.

그 믿음은 사실상 하나님 자신의 믿음의 한 분량인 것입니다. 하나님이 천지를 창조하실 때 사용하신 믿음과 같은 믿음의 한 분량입니다. 그것은 엄청 놀라운 힘, 곧 하나님 안에 있는 능력입니다.

하나님은 그 믿음으로 사시고, 그 믿음으로 기능하십니다. 하나님께서 "빛이 있으라."라고 말씀하시자 빛이 창조되었습니다. 하나님은 이 힘과 능력으로 만물을 창조하셨습니다. 자기 안에서 그 능력을 보고 믿으시고, 그다음 믿음이 가득 찬 능력의 말씀을 선포하심으로써 만물을 창조하셨습니다.

한편, 우리는 하나님의 모양과 형상을 따라 창조되었습니다. 그의 모양과 형상을 따라 창조되었기에 하나님은 그것과 똑같은 믿음의 한 분량을 우리 안에 넣어주셨습니다. 놀라운 일이죠.

이생이 지난 후에도 우리는 이에 대해 훨씬 더 많은 것을 배우게 될 것입니다. 왜냐하면 우리는 여기 이 땅에서 2, 3년 동안만 믿음으로 기능하라고 부름 받은 것이 아니기 때문입니다. 우리는 훈련받고 있습니다. 이 땅에 있는 동안 우리는 주님과 함께 다스리고 왕 노릇하도록 준비하고 있는 것입니다

그래서 그는 마음으로 믿고 입으로 말하는 방법을 우리에게 가르치시는 것입니다. 그저 우리의 생각과 감정을 표현하기 위해서가 아니라, 우리의 환경을 변화시키기 위해서 말입니다.

그런데 많은 신자들이 이것을 붙잡지 못하고 있습니다. 그들은 오

직 그들의 생각과 감정을 표현하고, 의사소통하기 위해서만 말을 사용합니다. 그러나 하나님은 그렇게 하지 않습니다. 하나님은 자신이 어떻게 느낀다고 여러분에게 말하고 싶어 하지 않습니다.

만일 하나님이 여러분에게 뭔가를 말씀하신다면, 그것은 좋은 것이요 생명이며 빛일 것입니다. 하나님이 여러분에게 말씀하실 때 그의 말씀이 여러분 안으로 들어갈 것이며, 그 말씀이 여러분을 변화시킬 것입니다. 능력이 없거나 이루어질 수 없는 하나님의 말씀이란 없다고 성경이 말했습니다.

하나님이 말하는 모든 말씀은 상황을 변화시킵니다. 그의 말씀은 치유합니다. 그의 말씀은 건집니다. 그의 말씀은 회복합니다. 그의 말씀은 생명을 줍니다. 그의 말씀은 심지어 죽은 자를 살리기도 합니다. 할렐루야!

여러분이 너무 좋아서 함성을 지르는데, 그것은 적은 분량이지만 우리들에게도 적용이 됩니다. 우리가 행성을 창조하지 못하고, 하나님이 하시는 일들을 할 수 없지만, 우리는 그와 같은 종류의 믿음을 한 분량 갖고 있으며, 우리의 삶에서 다스리고 왕 노릇하기 위해 바로 지금 그것을 사용할 수 있습니다. 아멘.

그러나 믿음으로 살 수 있기 전에, 그 믿음이 우리에게 와야 합니다. 믿음이라 불리는 이 놀라운 것을 어떻게 얻습니까? 우리는 그 방법을 배웠고, 해답을 얻었습니다.

어떻게 믿음을 얻습니까? "믿음은 들음에서 나옵니다."

그런데 어떤 종류의 들음입니까? 레마 크리스토스, 즉 **기름 부음**

받은 선포된 말씀을 들음으로써 얻습니다. 할렐루야!

여러분은 왜 내가 이전 구절에서 이것을 언급하지 않았는지 아십니다. 이 모든 것은 함께 흘러나옵니다.

그가 말했습니다. **"믿지 아니하는 이를 어찌 부르리요?"**

물론, 부를 수 없습니다.

"듣지 못했다면 어찌 믿겠습니까?"

믿을 수가 없습니다. 들어야 합니다. 한 번도 들어본 적이 없는 것을 믿을 수는 없습니다.

그러기에 그가 듣는 것에 대해 말하는 것입니다. **"전파하는 자가 없이 어찌 들으리요? 보내심을 받지 아니하였으면 어찌 전파하리요 기록된바 아름답도다 좋은 소식을 전하는 자들의 발이여 함과 같으니라."**

그가 말하는 것은 기름 부음을 받은 전파자라는 사실을 여러분은 아세요? 예수의 이름으로 하나님의 말씀을 말하도록 기름 부음을 받고 보냄을 받은 전파자인 것입니다. 그 기름 부음 받은 선포된 말씀, 곧 그 레마 크리스토스를 들을 때 그것이 생명을 주는 믿음, 삶을 변화시키는 믿음을 가져다주는 것입니다. 할렐루야!

사람들이 이 진리를 깨닫게 되면 레마 크리스토스가 전해지고, 가르쳐지고, 선포되는 장소와 교회와 예배를 찾으려고 애쓸 것입니다. 왜냐하면 이것은 학습을 통해서, 교육을 통해서, 웅변술 개발을 통해서 아무나 다 할 수 있는 일이 아니기 때문입니다. 이것은 성령을 필요로 하고, 기름 부음을 필요로 합니다. 할렐루야!

그것이 우리가 〈믿음 학교〉를 하는 이유 중 하나입니다. 우리는 성령이 우리 〈믿음 학교〉에 임하시는 줄 믿습니다. 사실, 성령이 나타나지 않는다면, 여러분이 여기에 나올 가치가 없을 것입니다. 그러나 성령이 임하셔서 말하는 자와 듣는 자들에게 기름을 부으십니다. 할렐루야! **우리는 레마 크리스토스, 기름 부음을 받은 선포된 말씀이 우리 귀에, 우리의 마음에, 우리의 마인드에 흘러 들어가고 그리해서 우리의 믿음을 말씀으로 먹이는 것입니다. 우리의 영에 자양분을 주는 것입니다.**

여러분, 이것은 유형적입니다. 내가 아내 필리스와 함께 진짜로 기름 부음을 받은 남녀 하나님의 사람들이 전하고 사역하는 집회들에 참석했습니다. 일주일 동안 진행됐는데, 오전에 예배가 있고, 때로는 오후에, 때로는 저녁에도 집회가 있었습니다. 그 주간이 끝날 무렵, 우리가 집회를 마치고 집으로 돌아가려고 할 때 서로서로 얼굴을 쳐다보고는 우리가 달라졌구나! 생각했습니다. 우리는 믿음이 확립되었고, 힘이 강화되었습니다. 우리 내면이 훨씬 더 강해진 것을 느꼈습니다. 그것은 정신적인 것도, 감정적인 것도 아닙니다. 진짜 영적으로 강해진 것입니다.

그럼 어떤 일이 일어난 것입니까? 그 기름 부음을 받은 말씀이 우리에게 선포되었고, 우리의 믿음이 양식을 먹고 자양분 공급을 받았던 것입니다. 기름 부음 받은 선포된 말씀의 환경에서 믿음은 번성합니다. 믿음이 점점 더 강해지고 강화됩니다. 그런 환경에서는 우울해지기가 어렵습니다. 그런 환경에서는 부정적이 되고 패배하기가 어려워집니다. 특히 여러분이 생각을 같이 하는 다른 그룹 사람들과 함께 있을 때 그 믿음의 환경, 그 믿음, 그 믿음의 영이 여러분과 주위의 사람들에게 영향을 미칩니다.

하나님께서 우리를 바로 이것에로 부르셨습니다. 그냥 전도하러 가는 것이 아니고, 우리를 증인으로 부르셨습니다. 사도행전이 성령을 통해서 우리에게 말해줍니다. 여러분이 어떻게 빛과 진리와 속량과 구원과 예수의 증인이 될 수 있습니까? 여러분 안에 뭔가 강력한 것이 있기 때문입니다. 여러분은 믿음이 확립되었습니다.

우리는 영적인 존재인데, 예수님이 마태복음 4:4에서 이를 말씀하셨습니다. **"사람이 떡으로만 살 것이 아니요, 하나님 입으로부터 나오는 모든 말씀으로 살 것이라."** 여기서 "말씀"으로 번역된 그 단어는 로마서 10:17에서와 똑같이 "레마"라는 단어입니다. 우리는 하나님의 입으로부터 나오는 모든 선포된 말씀, 즉 모든 레마로 삽니다. 우리가 성경을 펴서 읽을 때는 둥지에서 입을 벌리고 있는 작은 새들 같이 되어야 합니다.

"오케이, 좋아요. 내 믿음을 먹여주세요. 내 영을 먹여주세요."

우리는 이게 매일 필요합니다. 그러기 때문에 여러분이 교회를 떠나거나, 교회에 나가지 않거나, 성경을 읽지 않거나, 기름 부름 받은 말씀을 듣거나 먹지 않는다면 여러분은 점점 더 약해질 것입니다. 여러분이 약해질수록 모든 문제는 더 커지고, 여러분은 영적으로 더 나약해질 것입니다. 문제들이 너무 큰 것이 아니고, 하나님이 그것에 대해 아무것도 할 수 없는 것이 아니고, 여러분의 믿음이 매우 약해진 것입니다. 그래서 승리를 볼 수 없는 것입니다.

그러나 여러분의 믿음이 강해질수록, 하나님의 성령이 여러분 안에서 더욱 커지고 강해져서 여러분을 일으키고 활력을 줄 수 있습니다. 그러면 여러분은 키가 더 커져서 문제를 내려다보는 것처럼 느껴집니다. "너는 나의 크신 하나님 앞에서 아무것도 아니다! 너는 사소한 문제일 뿐이야!" 왜냐하면 정말로 **"우리 안에 있는 분이 세상에 있는 자보다 더 크시기"** 때문입니다. 할렐루야!

믿음이 어떻게 옵니까? "믿음은 하나님의 말씀을 듣고 듣고 들음으로써 옵니다." 또는 헬라어가 문자적으로 나타내듯, **"레마 크리스토스, 곧 기름 부음을 받은 선포된 말씀을 들음으로" 믿음이 옵니다.** 그렇게 해서 하나님이 만물을 창조하셨고, 우리에게 생명을 말로 불어넣으셨습니다. 여러 일들에 염려하고 절망감을 느끼는 대신, 우리는 담대히 모든 상황에 변화를 말하기 시작합니다.

뭔가가 여러분을 괴롭히고 짜증나게 하지만, 그런 것 때문에 울지 마세요. 일어나서 승리를 말하고 선포하세요. 당신이 승리자인 것처럼 말하세요. 왜냐하면 **"그가 항상 우리를 이기게 하신다"**라고 말했기 때문입니다.

믿음으로 살고 믿음으로 행하는 것에 대하여 큰 소리로 고백하십시다. **"나는 믿음으로 행합니다. 나는 믿음으로 삽니다. 나는 믿음으로 이 세상을 이깁니다. 나는 믿음이 강해져서 하나님께 영광을 돌립니다. 아멘!"**

배운 대로 행하기

"너희는 말씀을 행하는 자가 되라"(약1:22)

1 __ 무엇을 배웠는가?

2 __ 무엇을 행할 것인가?

3-2

마음으로 믿고 입으로 말하라

여러분, 〈믿음 학교〉는 우리의 믿음을 말씀으로 먹이고, 우리의 영이 점점 강해지며, 이기는 자가 되는 방법을 배우는 곳입니다. 예수님이 말씀하시기를 **"사람이 떡으로만 사는 것이 아니요, 하나님 입으로부터 나오는 모든 말씀으로 산다"**라고 했습니다. 우리의 몸을 먹여야 하듯이, 우리의 영도 먹여야 합니다. 만일 여러분의 몸을 여러 날 동안 먹이지 아니하면, 몸이 점점 더 약해지고 약해져서 일어설 수도 없는 지경에 이르고 마침내는 죽을 수도 있습니다. 영적으로 말하면, 여러분의 영은 점점 더 약해지고 약해져서 마침내 여러분 안에서 아무런 힘도 발휘하지 못할 것입니다.

그러나 좋은 소식이 있습니다! **여러분의 영을 기름 부음 받은 말씀으로 먹이기 시작하면 여러분의 영은 아주 신속히 힘을 얻기 시작할 것입니다.** 그리하여 불가능한 것처럼 보였던 것이 가능해 보일 것입니다. 할렐루야! 주님은 우리를 위한 해답을 갖고 계십니다. 그러므로 이 시간 합심하여 기도하면서 우리의 믿음을 풀어 놓읍시다.

"아버지여, 예수님의 이름으로 우리 모두가 합심하여 구하오니
말씀과 기름 부음을 주시고, 응답과 방향을 주시옵소서.
우리의 눈을 열어 주옵소서. 주의 삶의 방식과
주의 행동 방식의 기본과 기초를 알고 배우게 해 주시옵소서.
우리의 믿음과 우리의 영이 자양분을 공급 받도록 도와주시옵소서.
우리가 듣기만 하지 않고, 행하는 자가 되게 하옵소서.
예수님의 이름으로 기도합니다. 아멘."

오늘은 로마서 10:8을 보겠습니다. 어제는 "믿음을 어떻게 얻는가"에 대해 이야기했습니다. 로마서 10장은 전체가 대단히 풍성한 내용을 담고 있는데, 특히 우리가 구원받는 방법과 인류 구원을 위한 하나님의 계획을 이해하는 영역에서 매우 풍성합니다.

로마서 10:8-9. **"그러면 무엇을 말하느냐 말씀이 네게 가까워 네 입에 있으며 네 마음에 있다 하였으니 곧 우리가 전파하는 믿음의 말씀이라 네가 만일 네 입으로 예수를 주로 시인하며 또 하나님께서 그를 죽은 자 가운데서 살리신 것을 네 마음에 믿으면 구원을 받으리라."**

이어서 10절을 봅시다. **"사람이 마음으로 믿어 의에 이르고 입으로 시인하여 구원에 이르느니라."**

믿음은 머리에서 나오는 것이 아니라 마음에서 나옵니다. 믿음은 지식이 아닙니다. 이해도 아닙니다. 이해하지 못할 때도 믿음을 가질

수 있거든요. 일이 어떻게 이루어질 수 있을지 알지 못할 때도 믿음을 가질 수 있습니다.

우리는 2주 전에 믿음이란 "기대하는 것의 확신이며 보지 못하는 것에 대한 증거"라는 것을 배웠습니다. 그것은 자연적 영역에서 아직 일어나지 않은 것들과 여러분이 볼 수 없고 만지고 느낄 수 없는 것들과 관계가 있습니다. 그러므로 그것은 감각을 초월합니다.

믿음은 마인드나 지성에 대한 것이 아닙니다. 이것을 이야기할 가치가 있는 것은 우리들이 지성의 발전을 크게 강조하는 사회와 세대 가운데 살고 있기 때문입니다. 사람들은 얼마나 똑똑한가에 집중을 합니다. 그래서 "내가 더 똑똑하지. 내가 더 좋은 교육을 받았지. 내가 생각을 더 잘하지. 내가 더 많이 알지." 이렇게 생각할 경우, 더 우월감을 느낍니다.

그러나 여러분이 객관적이라면, 소위 "천재"라는 사람들 중에 다수가 좋은 인생을 살지 못했다는 사실을 발견할 것입니다. 나는 똑똑한 것을 폄하하는 게 아닙니다. 지식적으로 똑똑하다고 해서 여러분을 좋은 사람으로 만들어 주지 못하며, 그것이 여러분에게 좋은 삶을 보장해 주지 못한다는 뜻입니다. 자기를 똑똑하다고 생각하는 사람들 중에 비참한 이들이 많습니다.

당신은 정신적으로 뛰어날 수 있습니다. 그것도 당신을 좋은 사람으로 만들어 주지 못합니다. 창조주이신 우리 하나님은 우리의 머리가 아닌, 우리의 마음과 우리의 내면을 살펴보십니다. 그는 우리의 머리에 초점을 두지 않으십니다.

주님이 어떻게 사무엘을 보내서 이새의 아들 중 하나에게 이스라엘의 왕으로 기름을 부었는지 여러분은 아시죠? 그들은 장자가 하나님이 찾으시는 사람이라고 추정하고 그를 데려왔습니다. 그는 정말로 잘생긴 인물이었습니다.

그러나 주님께서 선지자에게 말씀하셨습니다. **"그는 아니다. 사람은 외모를 보거니와 여호와는 마음을 보느니라."**

예수님도 말씀하셨습니다. **"외모에 따라 판단하지 말고 옳은 판단을 하라."** 이것은 마음과 생각의 갱신을 필요로 합니다. 왜냐하면 이 세상 대부분의 사람들은 표지를 보고 책을 판단하기 때문입니다. 그들은 겉을 봅니다. 그다음에는 얼마나 지적으로 똑똑한가를 평가합니다.

그것은 하나님이 보시는 방법이 아닙니다. 인상이 좋아 보이고, 기분이 좋고, 스마트한 것에는 아무 잘못이 없습니다. 그러나 그것은 하나님 보시기에 주요 사항이 아닙니다.

중요한 것은 마음입니다. 내가 말하는 것은 물리적으로 혈액을 펌프질하는 당신의 심장에 대한 이야기가 아닙니다. 성경은 말하기를 **"사람이 마음으로 믿는다"**라고 했습니다. **우리의 존재 중 어느 부분으로 우리가 믿습니까? 바로 우리의 마음이죠.**

때로 사람들은 뇌가 마치 인간의 진정한 본질인 것처럼 뇌에 대해서 경탄을 합니다. 몇 파운드밖에 안 되는 이 회색의 물질을 보고 말이죠. "놀라운 음악과 미술과 기술과 건축 등 모든 것이 이 몇 파운

드밖에 안 되는 것으로부터 나옵니다."

아니오. 그렇지 않습니다. 뇌가 놀라운 것이기는 하지만, 그것은 단지 마인드가 스스로를 표현하는 물리적 기관에 불과합니다.

영적인 것이 핵심입니다. 우리는 그저 뇌를 가진 신체가 아닙니다. **우리는 영적인 존재로서 우리에게는 감정과 생각이 있고, 우리는 몸 안에 살고 있습니다.**

사람들은 "사후에도 생이 있느냐?"고 말합니다. 성경을 믿는다면, 절대 사실이죠. 손이 장갑 안에 들어가 있듯이, 영은 몸 안에 들어 있습니다. 그리고 죽음은 사물의 끝이 아닙니다. 죽음은 장갑에서 손을 빼는 것과 같습니다. 손이 없으면 장갑은 땅에 떨어집니다. 그 안에는 생명이 없습니다.

몸에 일어나는 일이 바로 그렇습니다. 그래서 야고보는 영이 없는 몸은 죽은 것이라고 말합니다. 그러나 마음은 하나님이 보십니다. 우리는 마음으로 하나님을 믿습니다. 그것은 마음의 선택이고 결정입니다.

계속 읽겠습니다. 10절. **"사람이 마음으로 믿어 의에 이르고 입으로 시인하여 구원에 이르느니라."** 남자든 여자든, 아이든 청년이든 거듭나는 방법은 바로 이것입니다.

가장 중요한 구성요소 두 가지는 **마음으로 믿는 것과 입으로 말하는 것**입니다. 모든 거듭난 사람에게는 이런 일이 일어났습니다. 마음으로 믿었고 입으로 말했습니다. 크리스천들은 이것을 믿습니다.

그러나 그다음에 그들은 거기서 멈추고 맙니다. 그들은 이렇게 생각했습니다. "오케이, 하나님을 찬양합니다. 나는 거듭났습니다. 나는 구원받았습니다. 나의 이름이 어린양의 생명책에 기록되었습니다. 나는 성공했습니다."

아닙니다. 그것은 시작이었습니다.

우리가 거듭난 방법은 우리가 매일 살아야 하고, 그 이후 남은 생애 동안, 심지어는 이 땅의 생을 떠난 후에도 살아야 할 방법입니다.

"그게 무슨 말입니까?"

우리는 아버지가 믿음으로 기능하시는 것처럼, 믿음으로 기능하도록 되어 있습니다. 아버지는 그것을 어떻게 하십니까? 마음으로 믿고 입으로 말하는 것으로써 하십니다. 그것이 아버지가 천지를 창조하신 방법이었습니다. 마음으로 믿고 입으로 말하는 것입니다.

모두 큰 소리로 따라 하세요. **"마음으로 믿고 입으로 말하고 고백하라."** 그것이 당신이 거듭난 방법입니다. 그것은 또한 당신이 인생의 모든 상황을 다루는 방법이기도 합니다.

11절 보세요. **"성경에 이르되 누구든지 그를 믿는 자는 부끄러움을 당하지 아니하리라 하니."** 여러분이 정말로 하나님을 믿을 때 여러분은 부끄러움을 당하지 않고, 실망도 낙담도 하지 않을 것입니다.

12절과 13절입니다. **"유대인이나 헬라인이나 차별이 없음이라 한 분이신 주께서 모든 사람의 주가 되사 그를 부르는 모든 사람에게 부요하시도다 누구든지 주의 이름을 부르는 자는 구원을 받으리라."** 아멘. 우리가 진리를 깨닫고 인정하게 될 때 우리는 혼자가 아닙니다.

하나님이란 분이 계십니다. 그분이 천지를 창조하셨습니다. 우리의 조상인 아담과 하와로부터 우리들에게 이르기까지 우리는 하나님의 은혜와 자비에 의해 유지되고 있습니다. 우리는 죄와 불순종으로 말미암아 길을 잃었습니다.

그러나 감사하게도 하나님께서 자기 아들을 내어주심으로 우리를 구원/속량하셨습니다. 예수님이 우리를 대신하여 우리 자신의 죄와 실패와 실수를 위해 형벌과 심판을 받으셨고 하나님께서 그를 죽은 자 가운데서 살리셨으며 그는 이제 만왕의 왕이십니다.

나는 여기서 예수를 영접하지 아니한 사람을 위해 기도를 인도하려고 하는데, 여러분의 마음과 생명을 주님께 드린 적이 있든 없든, 아니면 얼마 전에 영접을 했지만, 주님을 떠난 분이 계신다면 지금이야말로 다시 아버지께로 돌아갈 때입니다. 아버지께로 돌아와 그분과 친밀하고 풍성한 교제를 회복하기 바랍니다. 내가 기도를 인도할 테니 여러분 모두 함께 참여하기 바랍니다. 큰 소리로 말하십시오.

"아버지 하나님, 나는 하나님을 믿습니다.
나는 하나님의 아들 예수님을 믿습니다. 그가 십자가에서 죽으시고,
나의 죄와 나의 실패를 위해 값을 치르셨음을 믿습니다.
아버지께서 그를 죽은 자 가운데서 살리신 것을 믿습니다.
그는 지금 만왕의 왕, 만주의 주로 살아 계시며, 곧 다시 오실 것입니다.
나는 예수님을 내 삶의 주인으로 고백하오며, 주께서 나를 도우시고,
나를 능하게 하시기에 나는 주님과 함께 동행하겠으며,
주님의 방향을 따르며 내 평생 주님을 위해 살겠습니다.
예수님의 이름으로 기도합니다. 아멘." 하나님을 찬양합니다.

만일 여러분이 처음으로 이 기도를 하셨다면, 뭔가 놀라운 일이 여러분 안에서 일어났을 것입니다. 여러분이 이 시간 주님께로 돌아온 분이라면, 10톤만큼의 무게가 당신에게서 굴러 나간 것 같은 느낌이 들 것이며, 당신의 구원의 기쁨은 회복이 되었습니다.

무엇이 그토록 놀라운 것입니까? 이것은 대단히 기적적인 일입니다. 이것을 가리켜 **새로운 탄생/중생**이라고 합니다. 어떤 일이 일어났습니까? 여러분은 마음으로 믿고, 입으로 그것을 말했으므로 구원받았고 거듭났습니다.

13절은 말합니다. **"누구든지 주의 이름을 부르는 자는 구원을 받으리라."** 구원받은 우리 모두는 그렇게 해서 예수를 영접하여 구원받고 거듭났습니다.

그러나 우리가 언급했듯이, 그것이 끝이 아닙니다. 나는 지옥으로 가지 않을 것입니다. 나는 구원을 받았으니 예수님과 함께 있을 것입니다. 그것은 사실입니다. 그러나 여러분은 지금부터 그때까지 구원을 이루어 가야 합니다.

믿음은 우리가 구원받는 방법이고, 믿음은 우리가 매일의 삶을 이기는 방법입니다. 우리는 믿음에 의해서 어린양의 피로써 깨끗이 씻음을 받았습니다. 여러분은 그런 식으로 뭔가를 받을 수 있습니까? 그럼요, 받을 수 있고말고요.

우리는 믿음으로 치유를 받을 수 있습니다. 믿음으로 새로운 탄생거듭남을 받을 수 있습니다. 믿음으로 당신의 몸이 새로워지는 갱신을 얻을 수 있습니다. 당신의 죄를 담당하신 그 동일한 예수님이 징계를 받음으로 당신이 평화를 누리게 되었기 때문에 당신은 혼란스러운 정신에 평안을 얻을 수 있습니다.

우리가 말했듯이, 당신의 죄악을 담당하신 그 동일한 예수님이 당신의 연약한 것을 담당하시고 당신의 질병을 짊어지셨고 당신의 통증을 가져가셨다고 성경이 말했기 때문에 치유받을 수 있습니다.

그러나 그것은 애걸하거나, 간청함으로써가 아니라, 믿음으로써 역사합니다. 마음으로 믿고, 입으로 말함으로써 이루어집니다. 우리 Faith Life Church에 나오는 사람들은 우리가 말하고 선포하는speak 것을 곧 알게 될 것입니다. 내가 선포한다speak라고 말할 때 그 말은 회중 전체가 함께 말하고 함께 고백한다는 뜻입니다.

우리는 정기적으로 우리의 믿음을 고백하고 선포합니다. 일부 사람들은 자기네가 다녔던 교회에서는 그렇게 하지 않았기 때문에 그것을 이상히 여깁니다.

그러나 여러 해 전에는 수많은 교회와 단체와 교단들이 이렇게 고백과 선포를 했었습니다. 그러므로 이것은 뭔가 새로운 것이 아닙니다. 교회가 고백을 통해 태어났는데, 교회가 세월이 지나면서 그것을 잃어버렸습니다.

만일 여러분이 믿음으로 살고 믿음으로 행한다면, 꼭 반드시 말하고 선포하세요. 선포하고 말하십시오. 사물에 대해서 말하세요. 무생물에 대해서 말하십시오. 여러 가지 일들에 대해서 우는 소리하지 말고 그것을 향해서 말하세요. 맞습니까? 그것이 이상한 것이 아닙니다. 그것이 예수님처럼 행동하는 것입니다.

우리는 예수의 본을 따라야 합니다. 따라야 할 더 좋은 본보기가 있습니까? **예수님은 매일 믿음으로 행하신 완벽한 모범을 보여주십니다.** 그가 말했지요. **"나는 항상 아버지를 기쁘시게 하는 일을 한다."**

믿음이 하나님을 기쁘시게 합니다. 그러므로 예수님은 아침부터 밤까지 모든 것을 믿음으로 행하셨다는 것을 알 수 있습니다. 여러분이 사복음서를 읽어보면, 예수님께서 **사물을 향해서** 말하고 선포하신 것을 알 것입니다. 그가 **바람과 파도를 향해** 말했을 때 그것들이 그에게 순종했습니다. 그가 **열병을 향해서** 말하자 열병이 떠났습니다. 그가 사람들을 괴롭히는 **귀신들에게** 말하자 귀신들이 떠났습니다. 그가 소위 **"자연"**nature**을 향해서** 말했고, **사람들을 향해** 말했습니다. 예수님은 **보이지 않는 것들을 향해서** 말했습니다.

만일 성경을 한 번도 읽어본 적이 없는 사람들이 그 당시 예수님을 주시해 보았다면, 그것이 이상하다고 생각했을 게 틀림없습니다. 예수님이 무엇을 향해 말했습니까? 그는 바람을 향해서도 말했습니다. 오늘날 그렇게 하면 아마 정신 문제라고 생각할 것입니다. 그러나 그것은 사람들이 말씀에서 너무도 멀리 떨어져 있고, 영적인 것들을 전혀 이해하지 못하기 때문입니다.

여러분이 크리스천입니까? 그 말은 **그리스도의 사람**Christ-ian**이라는 뜻입니다.** 그렇다면 **여러분은 그리스도이신 예수님을 모든 일을**

하는 방법의 궁극적인 본보기로 삼아야 합니다. 여러분은 예수님처럼 기도하고, 예수님처럼 말하며, 예수님처럼 살고, 예수님처럼 반응하고 싶어 합니다. 예수님이 사신 방법으로 살고 싶어 합니다.

예수님은 마음으로 믿었습니다. 그는 무엇이든 아버지가 그에게 말씀하신 것을 그대로 말했습니다. 그랬더니 온통 그의 주위에서 기적들이 일어났습니다.

여러분이 그런 말을 할 때, 사람들은 항상 이렇게 말합니다.

"네, 하지만 그건 예수님이셨잖아요. 그는 하나님 아들이십니다."

맞아요, 그는 하나님 아들이십니다.

하지만 성경은 말하기를 예수님이 자신의 능력과 영광과 존귀를 비워버리고 우리와 같은 사람이 되셨으며, 그는 순전히 사람으로서 살고 기능하셨다고 했습니다.

실제로 요한복음 14:12에서 요한은 말했습니다. **"나를 믿는 자는 내가 하는 일을 그도 할 것이요 또한 그보다 큰일도 하리니 이는 내가 아버지께로 감이라."** 보세요, 만일 그가 하나님으로서 그렇게 하셨다면, 어떻게 그가 하신 것을 우리가 할 수 있다고 믿을 수 있겠어요? 우리는 할 수 없습니다.

그러나 예수님이 요단강에서 세례를 받고 성령이 그에게 임하실 때까지는 그의 사역에서 기적을 행하신 역사를 보지 못할 것입니다.

성경은 그가 시험 받으신 후에 성령의 능력으로 행하셨다고 했습니다. 만일 그가 성령의 기름 부음을 받아 사람으로서 그렇게 행하셨고, 그가 그 동일한 성령으로 우리에게 기름을 부어주신다면, **우리는 그**

가 사신 것처럼 살고, 그가 기능하신 것처럼 기능하고, 그가 행하신 것처럼 활동하고 이기는 영광스러운 가능성을 볼 수 있을 것입니다.

여러분은 어떻게 거듭났습니까? 그것은 여러분이 이야기할 가장 위대한 기적들 가운데 하나입니다. 이것은 영원토록 계속되는 일입니다. 여러분은 하나님의 자녀입니다.

그러한 기적이 어떻게 여러분의 삶에서 일어났습니까? 그것을 마음으로 믿고 여러분의 입으로 그것을 말했습니다. 할렐루야! 하나님과 분리되어 죽었던 여러분의 영이 활력을 얻고 살아났으며, 여러분은 그리스도 예수 안에서 새로운 피조물이 되었습니다. 그리하여 모든 것이 지나갔고, 모든 것이 새롭게 되었습니다. 여러분은 영원토록 살아 계신 하나님의 자녀입니다. 할렐루야!

자, 그것이 어떻게 일어났는지 다시 내게 말해주세요.

"당신이 마음으로 믿고 입으로 말했습니다."

10절입니다. **"사람이 마음으로 믿어 의에 이르고 입으로 시인하여 구원에 이르느니라."** 여러분이 삶에서 필요한 다른 어떤 축복이나 일에 대해서도 그렇게 할 수 있습니다.

어떻게요? 마음으로 믿고 입으로 말하고 시인하고.

치유는 바로 그런 방법으로 옵니다.

당신의 청구서 지불도 그런 방식으로 옵니다.

당신의 자녀들을 위해 하나님께 뭔가를 해달라고 애걸하는 대신,

그들을 향해 믿음을 선포하고, 무엇이 일어날지를 선언하고 선포하기 시작하세요. 할렐루야!

여러분은 하나님이 우리의 믿음을 말씀으로 먹이고, 우리의 영을 강화시킨다고 믿죠? 큰 소리로 말하세요. **"나는 믿음으로 행합니다. 나는 믿음으로 삽니다. 나는 믿음으로 세상을 이깁니다. 나는 믿음이 강해져서 하나님께 영광을 돌립니다."**

배운 대로 행하기

"너희는 말씀을 행하는 자가 되라"(약1:22)

1__ 무엇을 배웠는가?

2__ 무엇을 행할 것인가?

3-3

각 영역에서 **기름 부음 받은 선포된** 말씀을 들으라

여러분, 〈믿음 학교〉에 나오신 것을 환영합니다. 〈믿음 학교〉에서는 우리의 믿음을 말씀으로 먹이고, 우리의 영이 점점 더 강해지며, 이기는 자가 되는 방법을 배웁니다. 그리스도의 몸인 교회는 약하여 패배하고 좌절하며 혼동하게 되어 있지 않습니다. 우리 삶에 나타나는 모든 장애물을 극복하게 되어 있습니다. 우리 안에 계신 더 크신 분이 하나님의 인자하심과 보존하시는 능력을 우리 삶에 나타나게 해야 합니다. 우리 모두 믿음으로 합심 기도를 드립시다.

"아버지여, 우리 모두 예수의 이름으로 합심하여 구하오니
말씀을 주시고, 보고 듣고 받을 수 있는 눈과 귀와 마음을 주옵소서.
우리는 성경을 모든 문제에 최종적인 권위로 받아들입니다.
우리는 듣기만 하는 자가 아니고 주께서 우리에게 알려 주신 것을
행하는 자가 되기를 원하며 예수의 이름으로 기도합니다, 아멘."

여러분, 믿음은 일련의 신념이 아닙니다. 믿음은 하나님 자신이 기능하는 방법입니다. 믿음은 하나님이 역사하시는 방법이며, 그가 만물을 창조하신 방법입니다. 믿음은 하나님이 우리를 부르셔서 살고 기능하게 하는 방법입니다.

믿음이 얼마나 놀라운 것입니까. 믿음은 하나님을 기쁘시게 합니다. 믿음은 세상을 이깁니다. "이런 믿음을 어떻게 얻지?" 어떻게 얻습니까? 그것이 우리가 이번 주간에 공부하고 있는 내용입니다.

우리는 교과서인 성경에서 그 해답을 발견했습니다. 로마서 10:13 이하는 이렇게 말합니다. **"누구든지 주의 이름을 부르는 자는 구원을 받으리라."** 이것은 모든 사람, 누구에게나 역사합니다.

"그들이 믿지 아니하는 이를 어찌 부르리요?" 부를 수 없습니다.

"듣지도 못한 이를 어찌 믿으리요?" 그들은 믿을 수 없습니다.

"전파하는 자가 없이 어찌 들으리요?" 이 구절은 사람들이 구원받도록 하나님이 정해 놓으신 방법입니다. 그것은 유일한 길입니다. 또한 우리가 믿음으로 살고 행하는 방법이기도 합니다.

"전파하는 자가 없이 어찌 들으리요? 보내심을 받지 아니하였으면 어찌 전파하리요 기록된바 아름답도다 화평의 복음의 좋은 소식을 전하는 자들의 발이여 함과 같으니라."15절

"그러나 그들이 다 복음을 순종하지 아니하였도다 이사야가 이르되 주여 우리가 전한 것을 누가 믿었나이까 하였으니."16절 우리가 전에 말했듯이, "전한 것"report이라는 단어는 듣는 것hearing이란 뜻입

니다.

17절입니다. **"그러므로 믿음은 들음에서 나며 들음은 그리스도의 말씀으로 말미암았느니라."** 이것이 믿음이 오는 방법입니다.

우리가 믿음에 대해 말할 때, 하나님을 믿는 믿음에 대해 말하는 것이지, 그냥 마구잡이로 믿음을 말하는 것이 아닙니다. 하나님을 믿는 믿음은 하나님의 말씀을 들음으로써 옵니다. 성경에 말했습니다. **"듣지도 못한 이를 어찌 믿으리요?"** 믿을 수 없습니다.

한편 우리가 앞에서 말했듯이, **믿음은 들음에서 오는데, 특히 크리스토스**기름 부음 받은 **레마, 선포된 말씀을 들을 때 옵니다. 아무 거나 듣는 게 아니고, 기름 부음 받은 선포된 말씀을 듣는 것입니다.**

디모데는 믿음의 말씀으로 양육을 받음에 대해 말합니다. 또한 그는 사람들에게 망령되고 허탄한 신화 및 꾸며낸 이야기와 사람의 생각에 귀를 기울이지 말도록 주의시킵니다. 실제로 설교와 가르침 중에는 우리의 믿음을 먹이지 못하는 것들이 많습니다. 사람이 만들어 낸 종교적 전통은 우리의 믿음을 먹이지 못할 것입니다. 그것은 하나님을 믿는 믿음을 우리에게 주지 못할 것입니다.

우리는 믿음이 정신과 지성의 산물이 아니라는 것을 어제 배웠습니다. 성경은 말하기를 **"사람이 마음으로 믿는다"**라고 했고, 예수님은 **"사람이 떡으로만 사는 것이 아니라 모든 말씀으로 산다"**라고 하셨습니다. 여기서 "말씀"이란 로마서 10:17에 나오는 "말씀"과 같은 단어인데, 선포된 말씀, 기름 부음 받은 말씀으로 우리는 사는 것입니다. **하나님의 입에서 나오는 모든 기름 부음 받은 선포된 말씀이 우리의 영에 양식이며, 우리의 믿음에 자양분입니다.** 그 믿음은 우리의 마음에서 나옵니다. 우리의 몸을 먹이기도 하지만 또한 우리의 마음도 먹여야 합니다. 우리의 속사람을 먹여야 합니다.

내가 때로 이런 말을 하는데요, 유머러스하게 들리겠지만, 모든 가르침과 설교에 영양가의 라벨이 붙어 있다면 도움이 될 것입니다. 전해지는 모든 설교, 모든 메시지, 모든 가르침이 성경에서 나오는 것이라 하더라도 그것의 10%는 혼합물이고, 5%는 그저 인간의 의견에 지나지 않는다고 할지 모르겠습니다.

우리는 쓸데없고 불필요한 인간적인 견해를 잘라내는 방법을 배워야 합니다. 나는 그것이 쉽게 되거나 신속히 이루어진다고 말하지 않겠습니다. 무엇보다 우리의 마인드가 새로워져야 합니다. 우리는 변화해야 합니다. 당신으로부터 나오는 것이 단지 **여러 많은 것들을 섞어 놓은 것이 안 되게 하기 위해서는 기름 부음 받은 말씀이 당신 안으로 많이 들어가야 합니다.**

그런데 감사하게도, 여러분의 성경책은 100% 하나님의 말씀이며, 첨가물도, 인공조미료도, 방부제도 없습니다. 당신의 영에 필요한 게 바로 그것입니다. 그것은 영적인 자양분입니다. 그것이 당신의 믿음을 먹일 것입니다. 그것은 당신에게 성령의 열매를 맺게 할 것입니다. 사랑, 기쁨, 온유, 절제 등등을 먹일 것입니다. 우리의 영이 강해질수록 위압적인 문제들은 점점 더 약해질 것입니다. 우리의 믿음이 강해질수록 문제들은 점점 더 작아져 보일 것입니다. 왜냐하면 우리는 하나님이 얼마나 크신 분인가만 보기 때문입니다. 성령이 얼마나 강하시며, 말씀이 얼마나 사실인가만 보기 때문입니다.

우리의 믿음은 레마 크리스토스, 곧 기름 부음 받은 선포된 말씀에서 옵니다. 예수님이 요한복음 6:63에서 이것을 말씀하셨습니다. **"살리는 것은 영이니 육은 무익하니라 내가 너희에게 이른 말은 영이요 생명이라."**

우리는 하나님께서 말씀을 가치 있게 여기시는 것처럼 말씀을 가치 있게 여기지 않는 사회에 살고 있습니다. 사람들이 의미도 없고, 믿지도 않으며, 능력을 풀어내는 말의 개념도 없는 온갖 종류의 것들을 말하는 세속적 영향 속에 우리는 삽니다.

지금 우리는 어떻게 믿음을 얻는가에 대해 말하고 있습니다.

믿음을 어떻게 얻습니까? 믿음은 하나님으로부터 옵니다. **우리가 거듭날 때 하나님께서 그분 안에 있는 바로 그 믿음과 똑같은 믿음의 한 분량을 우리 안에 넣어주십니다.** 그 믿음은 먹이고, 행사되고, 발전되어야 합니다. 그것을 먹이는 방법은 말씀을 통해서 됩니다.

나는 때로 말은 담는 그릇이라고 말합니다. 세상에는 다른 언어들이 많습니다. 그래서 여러분이 내가 이해하지 못하는 언어로 말하면, 그 말에 뭐가 담겨 있는지는 두 번째이고, 내가 그 말을 알아듣지 못합니다. 따라서 말에 따라 다르겠지만, 언어는 문자의 조합에 지나지 않습니다. 내가 이해하지 못하면, 아무 의미도 없습니다.

당신이 영어를 이해하지 못한다면, 내가 헬로/H-E-L-L-O 라고 말해도 당신에겐 아무 의미도 없을 것입니다. 그러나 당신이 이해를 한다면, 나는 바로 그 단어에다 모든 종류의 것들을 담을 수 있습니다. 반가워서 소리 높여 헬로! 또는 무뚝뚝한 소리로 헬로! 이처럼 나는 그 동일한 그릇에다 여러 다른 영적인 내용을 담을 수 있는 것입니다.

그 구절을 다시 읽어봅시다. **예수님이 그의 말에 무엇을 담아두셨나요? 생명입니다.** 또 무엇이죠? 영입니다. 물론 그의 영에 대해 말하는 것입니다. 성령은 활력을 줍니다. "활력을 준다"는 그 단어는 생명으로 충만하게 한다는 뜻입니다. 그것은 전기 소켓에서 나오는 충격과도 비교될 수 있습니다. 그건 살아 있고, 활력을 주는 것입니다.

그가 우리에게 말씀하시기를, 살고 죽는 것이 선포된 말의 능력 안에 있다고 했습니다. 우리가 말씀으로 구원을 받는다고 했습니다. 우리가 말로 능력과 믿음을 풀어놓는다고 하셨어요. 사람이 마음으로 믿고 입으로 말하여 구원을 받습니다. 주님이 말씀하셨습니다. **"영은 살리고 육은 무익하다. 내가 너희에게 이른 말이 영이요 생명이다."** 그저 아무 말이나 한다고 믿음이 여러분에게 오는 것이 아닙니다. **기름 부음 받은 말씀이 믿음을 불러일으킵니다.**

믿음이 어떻게 옵니까? 믿음은 레마, 선포된 말씀을 듣고 또 듣고 함으로써 옵니다. 크리스토스, 기름 부음 받은 선포된 말씀, 만일 내 믿음이 세워져야 한다면, 나는 그 영역에서 기름 부음 받은 말씀을 들어야 합니다.

하나님은 실재하신다, 하나님은 당신을 사랑하신다, 하나님은 당신의 기도를 들으신다, 당신의 죄는 사함을 받았다, 당신의 이름은 어린양의 생명책에 기록되어 있다와 같은 말씀을 믿는 당신의 믿음은 강할지 모릅니다.

그러나 당신에게 치유가 필요하다면, 또는 당신의 청구서가 지불되어야 한다면, 그러한 영역에도 믿음이 필요합니다. 치유가 필요하다면, 당신은 치유 받는 믿음이 필요합니다. 청구서 지불과 물질적 공급이 필요하다면, 그 영역에 믿음이 필요합니다.

나의 필요가 채워지는 그 영역에 대한 믿음을 어떻게 얻습니까? 각 종류별 그 영역에서 기름 부음 받은 말씀을 들어야 합니다.

많은 사람들이 이해하지 못한 부분이 바로 그것입니다.

사람들은 나에게 이렇게 말합니다.

"목사님, 아무개 아무개는 믿음이 엄청나요."

나는 그 말이 무슨 뜻인지 모르지만, "그들은 믿음이 엄청나지만, 무슨 이유인지 이런 영역에서 아직도 고생하고 있어요."라는 뜻인 것 같습니다. 무슨 말인지 이해가 되세요?

그들과 얘기해 보면, 하나님이 실재하시고, 하나님이 그들을 사랑하시며, 그들이 구원받았다는 믿음은 엄청 많아 보입니다. 그렇지만 이런 실제적인 영역에 있어서는 믿음이 전혀 없어요. 그들은 아무런 확신도, 기대도, 승리의 의식도 없어요. 그들은 긍정적인 말을 하거나 상황을 극복하질 못해요. 왜 그럴까요? 그 해당 영역에서 기름 부음 받은 말씀을 들어본 적이 없기 때문입니다.

믿음은 삶의 각 영역에서 발전이 되어야 합니다.

재정을 위한 믿음이 어떻게 옵니까? 그 재정 영역에서 하나님으로부터 기름 부음 받은 말씀을 들어야 하지요.

치유를 위한 믿음이 어떻게 옵니까? 그 치유 영역에서 하나님으로부터 기름 부음 받은 말씀을 듣는 것입니다. 보호를 위한 믿음, 마음의 평화를 위한 믿음 등도 마찬가지입니다.

감사하게도, "하나님의 말씀은 약이다"잠언 4:22라고 성경이 말하듯, 하나님은 모든 것에 종류별로 약 처방을 갖고 계십니다! 여러분이 모든 성경 말씀을 먹으면, 삶의 모든 영역이 커버가 됩니다.

내 말은 여러분이 모든 영역에 매일 성경을 300장이나 읽어야 한다는 뜻이 아닙니다. 당신이 여러 달을 지나면서 주님의 인도하심을 따른다면, 또 여러분이 기름 부음 받은 말씀이 선포되는 교회에 다닌다면, 여러 다른 주제들이 다루어질 것입니다. 누가 설교하고 가르치는지는 하나님의 성령이 인도하실 것입니다. 당신이 정기적으로 말씀을 먹는다면, 결국엔 여러 다른 영역들을 다루게 될 것입니다. 당신은 그것이 필요할 것입니다. 몸이 감자칩만 먹고 살 수 없듯이, 몸은 다른 비타민, 다른 미네랄도 필요할 것입니다. 우리는 말씀 안에 있는 여러 다른 것들이 필요합니다.

내가 한 번은 치유가 필요한 사람을 사역하러 갔습니다. 그는 TV

를 보고 있었습니다. 나는 그가 TV를 꺼버리고 성경 말씀을 먹는 게 좋을 것이라고 말했습니다. 그가 말하기를 "성경에 대해 말씀하시는 건가요?" 내가 그렇다고 했더니 "아, 나는 성경을 조금 읽었죠."라고 했습니다.

나는 즉시 여기에 문제가 있다는 걸 알았습니다.

그는 말씀이 어떻게 역사하는지 이해하지 못했습니다.

내가 카페나 뷔페에 가게 되면, 나의 접시를 내려놓고 슬쩍 홀 전체를 둘러봅니다. 둘러보니 감자가 있습니다. 그것은 예전 1969년도의 일이었습니다. 1972년도에는 콩을 가져다 먹었습니다. 만일 내가 같은 것을 두 번 먹으려고 하지 않았다면, 나는 배가 고팠을 것입니다. 맞아요? 몸을 위한 음식은 설령 1969년도에 감자를 먹었다 할지라도 2018년에 먹으면 다시 당신에게 힘을 줄 것입니다. 동일한 감자니까요. 그러므로 당신은 또다시 감자를 먹어야 합니다.

믿음은 말씀을 먹고 또 먹음으로 옵니다. 즉, 듣고 또 듣고 함으로 옵니다. 욥기에 이런 말씀이 있습니다. **"입이 음식물의 맛을 분별함 같이 귀가 말을 분별하나니."**욥34:3 물리적으로 우리가 입으로 음식을 먹으면 그것이 우리 안에 들어갑니다. 영적으로는 우리의 귀로 먹습니다. 그것이 조금 이상하게 들릴지 모르지만, 성경이 바로 그것을 나타냅니다.

우리는 귀로 먹는데, 실제로 **말의 맛**을 맛볼 수 있습니다.

어떤 말은 씁니다. 어떤 말은 달콤합니다. 어떤 말은 치유를 합니다. 어떤 말은 마음을 찌르고 상처를 줍니다. 어떤 말은 생명입니다. 어떤 말은 사망입니다. 그것은 독입니다.

들을 필요가 없는 말이 있습니다. 우리의 내면에 절대적으로 독이 되는 말이 있습니다. 여러분이 받아들이고, 귀를 기울여 듣고 있으면 하나님 믿는 당신의 믿음을 파괴할 말이 있습니다. 그런 말은 당신의 평안과 기쁨을 빼앗을 것입니다. 당신을 우울하게 하고, 두려움을 줄 것입니다.

우리는 영적으로 먹는 것에 대해 선별할 필요가 있습니다. 여러분이 냉장고에 가서 너무 오래 둔 우유를 꺼내 컵에 부어서 코로 냄새를 맡으면 코가 이렇게 말할 것입니다.

"안돼요, 이 우유는 상했어요."

만일 당신이 너무 빠른 동작으로 코를 지나 그것을 입에 넣는다면, 여러분의 입은 이렇게 말해줄 것입니다.

"아, 안돼요. 안됩니다. 이걸 마시지 말고 하수통에 버리세요. 당신은 코를 통해 냄새를 분별했어야 했어요. 내뱉으세요."

여러분, 우리가 웃지만, 우리의 몸은 이게 나쁘다고 말해줍니다. 이것을 내 몸 안에 넣지 말라, 왜요? 당신이 결국 코를 무시하고, 입을 무시해서 그것을 삼키면 어떻게 됩니까? 그것이 얼마나 상했느냐에 따라 다르겠지만, 몇 분 후, 아니면 몇 시간 후에 당신의 위장, 내장, 소화기관은 이렇게 소리칠 것입니다.

"이걸 어떻게 해야 하나? 이건 상한 음식인데."

그리하여 당신은 상한 것, 나쁜 음식을 먹어서 병이 들 수 있습니다. 상해버린 음식은 독성이 들어 있을 수 있습니다. 그것은 생명을 위태롭게 할 수 있습니다. 당신은 병에 걸릴 수 있습니다. 사람들은 잘못된 것을 먹어서 죽기도 합니다.

예수님이 마태복음 4:4에서 **"사람이 떡으로만 사는 게 아니라"**고 말씀하셨습니다. 떡이란 음식, 자연식품입니다. 우리는 하나님의 입에서 나오는 모든 기름 부은 말씀이 필요합니다. 우리는 말씀을 잘 알아야 합니다.

성경은 히브리서에서 말합니다. 우리의 감각은 선악을 분별하도록 개발될 수 있습니다. 이것은 우리가 듣고 있는 것에 대한 영적 분별에 대해 말하고 있습니다. **"갓난아기들 같이, 말씀의 신령한 젖을 사모하라 이는 너희로 자라게 하려 함이라."**벧전2:2

우리가 말씀의 젖을 섭취하기 시작하자마자 자라기 시작할 것입니다, 그러면 하나님으로부터 더 강한 것들을 다룰 수 있을 것입니다. 우리는 맛의 감각, 분별의 감각을 개발할 것입니다. 우리는 무엇이 하나님의 말씀이고, 무엇이 아닌지 분간할 것입니다.

예수께서 말씀하셨습니다. **"내 양은 내 음성을 알고 타인은 그들이 따르지 않을 것이다."** 왜요? 당신은 하나님을 알고 매우 친밀해졌습니다. 하나님이 아닌 것이 당신에게로 올 때 그것은 바르게 들리지 않습니다.

상한 우유와 마찬가지로, 하나님의 말씀에 반하는 것, 믿음이 아니고, 생명이 아닌 것을 당신이 들으면 당신의 영적인 코가 이렇게 말할 것입니다. "흠, 냄새가 좋지 않은데. 뭔가 문제가 있구나."

당신이 음식을 입에 넣고 빙빙 돌리듯이 그런 말씀을 당신의 마인드로 가져가서 그것에 대해 생각하며 귀를 기울인다면, 하나님의 성령이 당신을 깨우쳐서 이렇게 말할 것입니다.

"안 돼, 안 돼. 그건 나쁜 음식이야. 그건 너를 상하게 할 거야. 그것 삼키지 마. 그걸 묵상해서 너의 영 안에 받아들이지 마. 그건 너에게 독이 될 수 있다."

그것이 당신의 영을 죽게는 하지 않겠지만, 당신을 영적으로 병들게 할 수 있습니다. 그것은 당신을 해칠 수 있고, 당신의 것을 빼앗을 수 있습니다.

그러기 때문에 주님이 우리를 도와주시는 것입니다. 우리는 좋은 것과 나쁜 것, 믿음인 것과 두려움인 것을 분별하는 것을 배우고 있습니다. 무엇이 기쁨이고 무엇이 우울증인가를 말이죠.

우리는 상한 우유를 마시지 않을 것입니다. 맞아요? 우리는 그 역겨운 것을 삼키지 않을 것입니다. 우리는 그것을 뱉어낼 것입니다. 우리는 기름 부음 받은 말씀이 우리를 먹이게 할 것입니다.

큰 소리로 따라 하세요. **"나는 믿음으로 행합니다. 나는 믿음으로 삽니다. 나는 믿음으로 이 세상을 이깁니다. 나는 믿음이 강하여 하나님께 영광을 돌립니다."** 아멘!

배운 대로 행하기

"너희는 말씀을 행하는 자가 되라"(약1:22)

1__ 무엇을 배웠는가?

2__ 무엇을 행할 것인가?

3-4

참된 믿음과 **거짓된 믿음을** 구별하라

여러분, 오늘도 〈믿음 학교〉에 나오신 것을 환영합니다. 〈믿음 학교〉는 전국과 세계 여러 나라에서 사람들이 함께 모여 우리의 믿음을 말씀으로 먹이고, 우리의 영이 점점 강해지며, 삶에서 이기는 자가 되는 방법을 배우는 곳입니다. 우리 함께 믿음을 풀어 놓읍시다.

"아버지, 예수의 이름으로 우리 모두가 합심하여 구하오니
지금 정확히 우리에게 필요한 것을 말씀해 주시옵소서.
그것을 받을 수 있는 눈과 귀와 마음을 주시옵소서.
우리는 듣기만 하는 자가 아니요, 듣고 잊어버리는 자가 아니며,
오직 말씀을 행하는 자가 되게 하시옵소서.
그렇게 하실 것을 믿고 예수님의 이름으로 기도합니다. 아멘."

로마서 10장을 보겠습니다. 이번 주 내내 우리는 **"믿음이 어떻게**

오는가, 믿음을 어떻게 얻는가"라는 주제를 다루고 있습니다.

이제 여러분은 이렇게 말할 것입니다. "오케이, 나는 확신이 되었습니다. 어떻게 얻습니까? 믿음을 얻도록 도와주세요."

바로 로마서 10장에 해답이 있습니다. 13절부터 시작합니다.

"누구든지 주의 이름을 부르는 자는 구원을 받으리라."

이것은 누구든지 구원을 받는 유일한 방법입니다. 놀라운 것은 그것이 단지 우리가 어떻게 주님과 동행하는가 정도가 아닙니다. 우리가 매일 어떻게 이 믿음의 원리들을 적용해 가는가 하는 문제입니다.

그가 말했습니다. **"누구든지 주의 이름을 부르는 자는 구원을 받으리라. 그런즉 그들이 믿지 아니하는 이를 어찌 부르리요?"**

답이 뭐죠? 부를 수 없습니다.

그러므로 구원을 받기 전에, 주의 이름을 부르고 그를 영접해야 합니다. 그러기 전에, 믿는 것이 있어야 합니다.

우리가 어디서 믿는 것, 즉 믿음을 얻습니까? **"듣지도 못한 이를 어찌 믿으리요?"** 믿을 수 없다가 대답입니다.

당신이 구원을 경험하기 전에 믿음으로 주님을 부르며 구하고 영접해야 합니다. 그렇게 하기 전에, 믿어야 합니다. 믿기 전에, 들어야 합니다. **"전파하는 자가 없이 어찌 들으리요?"**

여기서 듣는다는 것은 단지 당신의 고막에 반사되는 소리가 아닙니다. 듣는다는 것은 특정한 방법으로 들어오는 것을 말합니다. **"보내심을 받지 아니하였으면 어찌 전파하리요? 기록된바 아름답도다 좋은 소식을 전하는 자들의 발이여 함과 같으니라."**

그가 말했습니다. **"그러나 그들이 다 복음을 순종하지 아니하였도다 이사야가 이르되 주여 우리가 전한 것**our report**을 누가 믿었나이까 하였으니."** 그들이 들은 것, 즉 전파되고 선포된 그 들은 것을 누가 믿었습니까?

그다음에 17절, **"그러므로 믿음은 들음에서 나며 들음은 그리스도의 말씀으로 말미암았느니라."** 그것이 믿음이 오는 방법입니다.

내가 어떻게 믿음을 얻습니까? 들음으로써 얻습니다. 그저 아무거나 듣는 것이 아니고, 하나님으로부터 오는 믿음은 하나님으로부터 들음으로써 옵니다.

그리스도의 말씀이란 레마 크리스토스이니, 문자적으로 말하면, 믿음은 기름 부음 받은 선포된 말씀을 들음으로써 옵니다. 누군가가 아무렇게나 성경 구절을 언급하고, 아무 성경 말씀이나 읽는 것을 듣는 게 아닙니다.

이 모든 성경은 하나님의 말씀이며, 모두 기름 부음 받은 말씀입니다. 그러나 주님은 모든 상황에 대해 매일 우리에게 성경의 모든 구절을 활력 있게 하지는 않습니다. 그러기에 그날, 우리의 상황에 대해 그 레마, 그 선포된 말씀, 그 기름 부음 받은 말씀이 우리에게 필요합니다. 성령은 신실하십니다.

만일 우리가 말씀을 먹는다면, 우리 Faith Life Church에서처럼 매일 한 장씩 읽을 것입니다. 여러분은 자신의 성경 읽기표에 따라 매일 성경을 읽어서 여러분의 믿음과 영을 말씀으로 먹이십시오. 여러분이 생활방식으로서, 삶의 스타일로서 이렇게 할 때 특별히 눈에 띄는 성경 구절이 있을 것입니다. 날마다 당신의 눈에 띄는 문구가 있을 것입니다. 바로 그렇게 활력을 주고 기름 부음 받은 말씀을 통해서 당신의 믿음이 오는 것입니다. 이런 상황, 저런 상황을 처리하는 방법에 대한 믿음 말입니다.

때로 사람들은 누구나 다 이해할 수 있는 말이 아닌 용어를 사용합니다. 예컨대, "여러분은 말씀 위에 서야 합니다. 그저 말씀 위에 서십시오."

"말씀 위에 서라"는 말이 무슨 뜻입니까? 그것은 너무 포괄적인 말입니다. 예수님은 이 땅에서 살고 행하실 때 이렇게 행하셨습니다. **"나는 내 스스로 말하지 않고, 아버지가 말씀하신 것을 들은 대로 말하노라."**

그가 떠나실 때 성령에 대해 이렇게 말씀하셨습니다.

요한복음 16장, **"성령은 그 자신에 대해 말하지 않고 내 것을 가지고 그것을 너희에게 알리시리라."**13-14절 그러므로 우리는 예수님의 본과 성령의 본을 따라서 이렇게 말해야 합니다. **"나는 내 자신을 원천으로 삼아 내 스스로 말하지 않을 것이다. 나는 나의 상황에 대해 성령이 말씀하시는 걸 들은 것을 말할 것이다."**

성경은 하나님께서 말씀하시지 않았을 때 "하나님이 말씀하셨다"라고 말하는 것에 대해 엄히 경고했습니다. 예를 들면, 에스겔서 13:6-7입니다. **"여호와께서 말씀하셨다고 하는 자들이 허탄한 것과**

거짓된 점괘를 보며 사람들에게 그 말이 확실히 이루어지기를 바라게 하거니와 그들은 여호와가 보낸 자가 아니라. 너희가 말하기는 여호와의 말씀이라 하여도 내가 말한 것이 아닌즉 어찌 허탄한 묵시를 보며 거짓된 점괘를 말한 것이 아니냐." 여호와가 말씀하지 않았는데 말씀하셨다고, 또 여호와가 말씀하셨는데 말씀하지 않았다고 말하는 것이 나쁘다는 것을 아십니까?

이런 일이 우리 크리스천들에게 일어납니다.

사람들이 빠지는 두 개의 도랑이 있습니다. 누군가가 "주님이 나에게 이렇게 말씀하셨다"라고 말할 때 조롱하고 조소하는 크리스천들이 있습니다.

그들은 "그걸 믿을 수 있어요?"라고 반문합니다.

그들은 "지금 하나님이 자기에게 말씀하셨대요."

이렇게 그들은 그것을 조롱하고 조소합니다.

그러나 이 성경책 전체는 사람들이 하나님께서 그들에게 뭔가를 말씀하셨다고 말하고 있습니다. 맞아요? 무슨 뜻인가 하면, 성경책 전체는 하나님이 아브라함에게 말씀하셨고, 모세, 다윗, 예수님께 말씀하셨고, 바울과 베드로에게 말씀하셨다고 말합니다.

그러므로 만일 당신이 "아냐, 그건 끝난 일이야. 하나님은 더 이상 사람들에게 말씀하지 않으셔."라고 말한다면, 그것은 성경 전체에 어긋난 것입니다.

하나님은 항상 남녀 사람들에게 말씀하셨습니다. 감사하게도 하나님은 지금도 여전히 그렇게 하십니다. 그러나 그가 에스겔서에서 언급한 것과 같은 케이스들이 요즘에도 분명히 있습니다.

"하나님이 이렇게 내게 말씀하셨다…"라고 말하지요.

그러나 하나님은 "내가 그런 말을 하지 않았다"라고 하실 것입니다.

그렇다면, 하나님은 지금도 사람들에게 말씀하십니까?

네, 말씀하십니다. 그는 항상 말씀해 오셨고, 지금도 여전히 말씀하십니다. 예수님이 친히 **"나는 선한 목자다. 내 양은 내 음성을 안다"**라고 말씀하셨습니다.

하나님을 믿는 믿음을 어떻게 얻습니까? 하나님으로부터 들어야 합니다. 믿음은 하나님이 말씀하시는 기름 부음 받은 말씀을 듣고 들음으로써 옵니다.

그러므로 어떻게 하나님으로부터 듣는가를 알아야 하겠죠? 감사하게도, 하나님의 자녀들이 하나님으로부터 들을 수 있다는 것은 사실입니다.

성경은 하나님을 영이라고 했습니다. 우리도 영입니다.

그래서 로마서 8:16은 이렇게 가르칩니다. **"성령이 친히 우리의 영과 더불어 우리가 하나님의 자녀인 것을 증언하시나니."** 성령은 우리의 머리나 지성이 아닌, 우리의 영과 더불어 우리가 하나님의 자녀인 것을 증언하십니다.

만일 하나님의 성령이 우리의 영으로 우리에게 말씀하실 수 있고 우리가 하나님의 자녀인 것을 우리로 알게 하실 수 있다면, 그는 우리에게 그 밖의 것도 알게 하실 수 있을 것입니다. 그렇죠?

만일 그가 당신에게 당신이 하나님의 자녀임을 알게 하실 수 있다면, 그는 당신이 어떤 직업을 택해야 하는지도 알게 하실 수 있을 것입니다. 누구와 결혼해야 할지 말지, 어느 교회로 다녀야 할지 알려 주실 수 있을 것입니다. 그는 현재 여러분이 갖고 있는 물리적인 문제, 예컨대 재정 부족이나 여러 문제에 대해서도 어떻게 하면 좋을지 알려 주실 수 있을 것입니다.

그러나 우리가 다른 사람들에게 "믿음을 가지세요. 치유 받는 믿음을 가지세요. 재정을 위한 믿음을 가지세요. 결혼을 위한 믿음을 가지세요."라고 말할 때 그들은 "그러한 믿음을 어떻게 얻습니까?"라고 반문합니다.

〈믿음 학교〉에 오신 여러분은 알고 있나요?

하나님으로부터 들어야 합니다.

맞습니까? 여러분이 하나님으로부터 들으면 됩니다.

"그냥 말씀 위에 서세요."라는 것은 너무 막연한 말입니다.

성경은 큰 책입니다. **관건은, 당신이 하나님과 교제해야 한다는 것입니다. 정기적으로 기도 생활을 해야 합니다.** 당신이 하나님께 말을 하며 질문을 던지고 듣습니다. 그것은 한쪽만의 일방적인 것이 아닙니다.

하나님이 어떻게 우리에게 말씀하십니까? 그는 성령으로 우리의 영에 말씀하십니다. 하나님은 그의 말씀을 통해 우리에게 말씀하십니다. 네, 그렇습니다.

첫 번째로 가장 중요한 것은 **그의 말씀을 통해서 말씀하십니다.** 그러나 그는 또한 말씀의 저자이신 **그의 성령으로** 자세히 우리에게 말씀하십니다.

그런데 성령이 인생의 여러 일들에 대해 상세히 당신에게 말씀하실 때, 그가 이미 그의 성경 말씀에서 말한 것과 불일치하는 것은 절대 없을 것입니다. **그러므로 성령이 우리에게 개인적으로 말씀하신다고 생각하는 모든 것을 우리는 기록된 말씀으로 판단하고 측정합니다. 만일 그것이 기록된 말씀과 일치하지 않으면, 그것은 원수 마귀가 우리를 속이려고 하는 것입니다.**

마귀 역시도 영입니다. 그가 우리에게 영향을 미치려고 할 것이지만, 예수님이 미리 말씀해 주셨습니다. **"내 양은 내 음성을 알지만, 타인의 음성은 그들이 따르지 않을 것이다."**

모두 큰 소리로 따라 하세요. **"나는 그의 양입니다. 그의 양은 그의 음성을 알고, 타인의 음성은 따르지 않을 것입니다."**

만일 우리가 그의 말씀으로 충만해지고 그의 성령에 주의를 집중한다면, 우리가 어제 〈믿음 학교〉에서 이야기한 것처럼 그것에 문제가 있을 경우, 그 냄새를 알게 될 것입니다. 그것이 상한 우유라면, 당신은 이렇게 말할 것입니다.

"음, 그거 이상한데. 그건 말씀과 달라. 내겐 생소해."

그것이 성령의 음성일 때 그것은 당신에게 이상하지 않을 것입니다. 오히려 당신에게 친밀할 것입니다.

당신은 이런 생각이 들 것입니다.

"그건 내가 창세기에서 들어온 음성과 똑같은 음성이네. 그건 내가 시편을 읽을 때 듣는 음성과 똑같은 음성이네."

여기서 음성이란 귀에 들리는 음성에 대해 말하는 것이 아닙니다. 그것은 내가 마태, 마가, 누가, 요한복음과 사도행전 및 에베소서와 빌립보서를 읽을 때 얻는 것과 동일한 커뮤니케이션입니다.

왜 그럴까요? 동일한 성령이니까요. 성령은 다른 인간 그릇을 통해 말씀하십니다. 그는 다른 주제, 다른 방법을 말하지만, 같은 성령이십니다. 동일한 성령님이십니다.

그러므로 성령으로부터 그 활력을 주는 말씀을 듣는 것이 내가 믿음을 얻는 방법입니다. 내가 그것에 관해 그로부터 듣기 전까지는 그 영역에 대한 믿음을 가질 수 없습니다.

많은 사람들이 탈선하고 문제가 발생하는 부분이 바로 여기입니다. 왜냐하면 그들이 "나는 이걸 믿을 거야"라고 말하지만, 사실은 그것에 대해 성령으로부터 듣지 못했기 때문입니다. 그들은 그들에게 활력을 주는 말씀을 받지 못했습니다. 성령이 그것에 대해 그들에게 말한 적이 없었습니다.

아시다시피, 하나님을 믿는 믿음은 기름 부음 받은 선포된 말씀을 하나님으로부터 들을 때 옵니다. 나에 대한 믿음은 어떤 주제에 대해 내가 당신에게 말한 것을 듣는 데서 올 것입니다. 당신은 여기서 헛된 희망을 품고 이렇게 말할 수 없습니다.

"나는 키이스 목사님이 오셔서 우리 집 잔디를 깎아주실 것을 믿을 거야." 그리고 이렇게 고백하기 시작합니다.

"키이스 목사님이 우리 집 잔디를 깎아주실 것이다."

만일 사람들이 "키이스 목사님이 당신네 잔디를 깎아주러 오겠다고 당신에게 말했어요?"라고 묻는다면, 당신은 "아니요. 꼭 그런 건 아닙니다. 그러나 나에겐 믿음이 있어요. 나는 그가 우리 집 잔디를 깎아줄 것이라고 믿습니다." 그러나 이것은 아무 근거도 없는 믿음입니다.

믿음이 어떻게 옵니까? 그것은 들음으로써 옵니다. 이 경우에 당신의 잔디를 깎기 위한 믿음은 키이스 본인인 내가 가서 당신의 잔디를 깎아줄 것이라는 말을 당신이 나로부터 들은 결과일 것입니다. 그 밖의 것은 무엇이나 다 믿음이 아닙니다. 추정이죠.

여기에 문제가 있습니다. 그들은 주님으로부터 들은 적이 없습니다. 심지어 어떤 사람들은 너무 나아가서 "하나님이 나에게 이렇게 말씀하셨다"라고 말합니다. 사실인즉, 하나님은 그들에게 그런 말을 하지 않았습니다. 그들은 그로부터 들은 적이 없습니다.

그러기 때문에 여러분은 이런 끔찍한 이야기를 듣는 것입니다. 눈이 치유되었다고 믿고 안경을 던져버립니다. 그런 다음 밖에 나가서 운전하다가 자동차 사고를 당합니다.

"나는 치유를 받은 줄로 믿는다"라고 말하고 약을 던져버립니다. 하나님이 그렇게 하라고 그들에게 말씀하셨나요? 만일 하나님께서 그들에게 뭔가를 하라고 말씀하셨고 그들이 들은 대로 했다면, 그것은 반드시 역사합니다. 맞아요?

믿음은 경이적이고 놀랍습니다. 그러나 그것은 당신의 머릿속에서 뭔가를 끄집어내어 그 일이 일어날 것이라고 말할 수 있는 상상 속의 것이 아닙니다.

참된 믿음은 참된 기반, 즉 주님으로부터 받은 참된 말씀에 근거합니다. 나는 이것에 대해 주님을 찾고 주님께 구했으며, 주님은 특정의 성경 말씀 중에서 나에게 말씀하셨고, 몇몇 구절들이 내게 떠올랐습니다. 하나님의 성령이 그 구절을 내게 깨우쳐 주셨고, 내가 기도하는 동안 하나님의 성령이 내게 말씀하셨고, 내가 차를 운전하여 길을 달리는 동안, 그런 구절이 내게 떠올랐습니다. 그것은 이 성경 말씀이 말하는 것과 일치했습니다.

내가 무슨 말을 하고 있는지 아시겠어요?

여러분이 주님과 동행한다면, 주님이 이렇게 역사하신다는 것을 배웠을 것입니다. 주님께 구하십시오.

"주님, 이것에 대해 내가 무엇을 해야 합니까?"

그러면 하나님께서 성령을 통해 말씀해 주실 것입니다.

하나님이 말씀하지 않았는데 하나님이 말씀하셨다고 말하지 않도록 우리 자신을 훈련합시다. 우리는 가정하거나, 추정하지 말아야 합니다. 인생에서 대부분의 일들은 기도하고 살펴볼 시간이 조금은 있습니다. 하나님으로부터 음성을 들을 시간은 많이 있을 것입니다. 그러므로 그냥 자기 좋을 대로 가정하고 추정하지 않기를 바랍니다.

그러면 어떤 성경 말씀을 들어야 합니까?

"레마 크리스토스"를 들어야 합니다. 맞아요?

이 성경책의 모든 말씀은 다 하나님의 말씀입니다.

그것은 기름 부음이 되어 있습니다.

그러나 하나님은 매일 같은 시간에 이 모든 수천 가지 것들을 우리에게 말씀해 주지 않습니다. 맞아요?

감사하게도 성령님이 계십니다. 당신은 성령님이 고맙지 않으세요? 성령님은 오늘 바로 지금 이 문제에 관한 말씀이 무엇인지 아십니다. 우리에게 필요한 것이 바로 그것입니다. 하나님의 입으로부터 나오는 모든 말씀이 우리에게 필요합니다.

그러나 우리는 또한 지금 이 때를 위한 말씀이 무엇인지도 알아야 합니다. 하나님께 나아가서, 이렇게 말하세요.

"주님, 오늘 우리에게 필요한 말씀이 무엇입니까? 바로 지금 이 상황에 대해 우리에게 주시는 주의 말씀이 무엇입니까? 내가 무엇을 믿어야 합니까? 내가 어떤 말을 해야 합니까?"

많은 경우, 말씀이 당신에게 임하기 전까지는 당신이 말씀을 얻지 못할 것입니다. 하나님은 신실하십니다. 때로 하나님은 당신이 교회 예배에 참석하게 하실 것입니다. 예배드리는 동안 필요한 말씀을 들을 것입니다. 성령께서 계속 깨닫게 하실 것입니다. 때로 설교자는 그 말씀을 다섯 번이나 언급할 것입니다.

그러면 당신은 "그거, 참 흥미롭네!"라는 생각이 들 것입니다.

그것이 바로 내가 늘 경험하는 것과 똑같은 일입니다.

지체하지 마십시오. 하나님은 당신에게 말씀하십니다. 하나님은 당신에게 이야기하십니다. 때로는 주중 내내 누군가가 이것을 끄집어 내어 그 말이 다시 떠오르고 또 떠오르고 할 것입니다.

그것은 사실 하나님이 당신에게 말씀하고 있는 것입니다.

그가 뭔가를 당신에게 말씀하고 있는 거예요. 잊지마세요.

큰 소리로 따라 하세요. **"나는 믿음으로 행합니다. 나는 믿음으로 삽니다. 나는 믿음으로 세상을 이깁니다. 내 믿음은 강하여져서 하나님께 영광을 돌립니다."** 하나님을 찬양합니다.

다음 시간에 만날 때까지 하나님께 귀 기울이세요. 그가 말씀해 주시는 것을 들으세요. 그것이 당신의 믿음을 먹이는 것입니다. 그러면 당신은 그 상황을 넉넉히 이길 것입니다. 할렐루야!

배운 대로 행하기

"너희는 말씀을 행하는 자가 되라"(약1:22)

1__ 무엇을 배웠는가?

2__ 무엇을 행할 것인가?

3-5

믿음은 **하나님으로부터 들은** 것에서만 온다

여러분, 오늘도 〈믿음 학교〉에 나오신 걸 환영합니다. 〈믿음 학교〉는 우리의 믿음을 말씀으로 먹이고, 우리의 영이 점점 강해지며, 우리가 삶에서 이기는 자가 되는 방법을 배우는 곳입니다. 그것은 모든 믿는 자를 위한 하나님의 계획입니다.

인생을 패배자로 살아가는 것은 하나님의 뜻이 아닙니다. 우리는 하나님의 것들 안에서 자라가야 하며, 점점 더 강해져야 합니다. 우리는 하나님의 최고 좋은 것을 받는 법을 배워야 합니다. 우리가 복을 더 많이 받을수록 다른 사람들에게 더 많은 축복의 통로가 될 수 있습니다. 받는 것보다 주는 것이 더 복됩니다.

그러나 이는 자동적으로 일어나진 않습니다.

성경은 말합니다. **"갓난아기들같이 말씀의 신령한 젖을 사모하라 이는 너희로 자라게 하려 함이라."** 우리는 먹고, 운동하고, 발전하고, 자라야 합니다. 그래서 〈믿음 학교〉가 있는 것입니다.

기도합시다.

"아버지여, 예수의 이름으로 우리 모두 합심하여 구하오니
말씀과 기름 부음을 주시며, 우리를 깨우치고
우리의 마인드와 영과 마음을 조명해 주는 주의 임재를 구합니다.
응답과 도움과 방향을 주시옵소서. 그것을 받을 수 있는
눈과 귀와 마음을 주시옵소서. 우리는 듣기만 하지 않고,
듣고 잊어버리는 자가 아니라 주께서 우리에게 알려 주신 것을
행하는 자가 되게 하시옵소서. 예수님의 이름으로 기도합니다. 아멘."

다시 로마서 10:13부터 시작합니다. "믿음이 어떻게 오는가"가 우리의 초점입니다. 우리는 이전의 강의들에서 믿음은 우리의 삶의 방식, 곧 살아가는 방법으로서 하나님이 선택해 놓으신 것임을 배웠습니다.

이 믿음을 어디서 얻습니까? 이 믿음을 어떻게 얻습니까?

그 답은 바로 **완벽한 교과서인 성경에 있습니다.**

로마서 10:13은 이렇게 말합니다. **"누구든지 주의 이름을 부르는 자는 구원을 받으리라."** 그는 이 과정이 어떻게 역사하는지 상세히 말합니다. 어떻게 여러분은 믿음이 없어 버림받은 상태에서 믿고 구원을 받게 되었습니까?

14절에서 말합니다. **"그런즉 그들이 믿지 아니하는 이를 어찌 부르리요?"** 그 답은 부를 수 없다는 것입니다. **"듣지도 못한 이를 어찌 믿으리요?"**

여기서 우리는 **믿는 것이 시작되는 과정**을 볼 수 있습니다.

믿음이 어떻게 시작합니까? 그것은 **듣는 것으로부터 시작됩니다. "전파하는 자가 없이 어찌 들으리요?"** 이것은 그저 기계적으로 듣는 말의 소리, 여러분의 귀에 들리는 음파가 아닙니다.

왜 전파하는 자가 개입될 필요가 있을까요? 그는 이어서 말합니다. **"보내심을 받지 아니하였으면 어찌 전파하리요?"**

그러므로 보내심은 하나님의 부르심과 기름 부음과 관련이 있습니다. 그는 이어서 말합니다. **"기록된바 아름답도다 좋은 소식을 전하는 자들의 발이여 함과 같으니라."**

16절, **"그러나 그들이 다 복음을 순종하지 아니하였도다. 이사야가 이르되 주여 우리가 전한 것을[전한 것을 들은 것을] 누가 믿었나이까 하였으니."**

17절, **"그러므로 믿음은 들음에서 나며 들음은 그리스도의 말씀으로 말미암았느니라."**

큰 소리로 따라 하세요. **"그러므로 믿음은 들음에서 나며 들음은 그리스도의 말씀으로 말미암았느니라."** "그리스도의 말씀"이란 헬라어로는 "레마"라는 단어와 "크리스토스"라는 단어이므로, **기름 부음 받은 선포된 말씀을 들음으로 말미암아 믿음이 생깁니다.** 그저 아무거나 듣는 게 아니고, 기름 부음 받은 선포된 말씀을 들어야 믿음이 오게 됩니다.

우리는 어제 디모데전서 1:5에서, 진정한 믿음과 가짜 믿음에 대해 살펴보았습니다. 디모데전서 1:5, **"이 교훈의 목적은 청결한 마음**

과 선한 양심과 거짓이 없는 믿음에서 나오는 사랑이거늘."

그는 여기서 믿음을 거짓이 없는 믿음이라고 묘사합니다. "거짓"이란 "가장하다"란 뜻입니다. 그러므로 일부 사람들이 믿음이라고 부르는 것은 사실상 가정하고 추측하는 것으로, 그것은 진정한 믿음이 아닙니다.

진정한 믿음은 어떤 것을 추정하는 것이 아닙니다. 진정한 믿음은 하나님으로부터 들어서 생기는 믿음입니다. 그것이 내가 어제 언급했던 내용입니다.

내가 이야기했죠. 만일 어떤 사람이 말하기를, "키이스 목사님이 나의 잔디를 깎으러 올 것을 믿습니다."

"글쎄요, 내가 당신의 잔디를 깎을 거라고 말하지 않는 이상 당신은 내가 당신의 잔디를 깎으러 올 것이라고 믿을 수 없습니다."

당신은 그냥 자기 생각대로 상상하는 것뿐입니다.

"키이스 목사님이 우리 쓰레기를 치워줄 것입니다. 그가 내 잔디를 깎아줄 것입니다. 그가 나 대신 세탁을 해줄 것입니다…"

글쎄요, 당신은 실망할 텐데요. 만일 당신이 "나는 그가 할 줄로 믿고 있어요. 왜냐하면 내가 믿음의 원리에 대해 조금 배웠거든요"라고 말한다면, 그것은 잘못된 것입니다. 그것은 추정이고, 뭔가를 가정하는 것입니다.

나에 대한 믿음은 내가 하겠다고 내가 당신에게 말한 것에만 근거할 수 있습니다. 하나님에 대한 믿음 역시도 하나님으로부터 들은 것과, 그가 하겠다고 당신에게 말한 것에만 근거할 수 있습니다.

이것의 예를 신명기에서 볼 수 있습니다.

여호와께서 그의 백성 이스라엘에게 말하기를 **"내가 너희를 애굽의 종살이에서 건져내었다. 너희는 약속의 땅으로 들어가라. 그것을 너희에게 주었으니 올라가서 그 땅을 취하라."**고 명하셨습니다.

그들이 하나님으로부터 들었나요? 네, 들었습니다.

그들이 그 땅을 차지할 믿음을 가질 수 있었나요? 그들은 가질 수 있었습니다. 왜냐하면 하나님이 그들에게 **"내가 너희에게 그 땅을 주었으니 올라가서 취하라"**고 말씀하셨기 때문입니다.

그러나 그들이 성벽과 거인들을 보고 말하기를 "우리는 올라갈 수 없다"라고 했습니다. 기본적으로 그들의 말은 하나님이 그들에게 말씀하신 것은 역사하지 않을 것이라는 뜻이었습니다. 그건 옳지 않습니다.

그리하여 그들은 하나님이 그들에게 말씀하신 것을 거절했습니다. 그러자 하나님께서 말씀하셨습니다. **"오케이, 그러면 돌이켜서 광야로 들어가라. 내가 너희에게 말한 것을 너희가 믿으려고 하지 않았기 때문에 너희는 광야에서 40년 동안 방황할 것이다."**

그 말에 당황하여 그들은 말했습니다.

"아닙니다. 그러면 우리가 올라가겠습니다."

여러분이 신명기 1:40을 읽어보면, 여기서 한 가지 패턴을 보게 될 것입니다. 하나님은 이 사람들이 목이 곧은 백성이라고 하셨습니다.

하나님이 그들에게 만나 시험을 하셨습니다. 그들에게 만나가 내릴 때 **"모두 나가서 거두고 그것을 남겨두지 말라"**고 명하셨습니다. 그런데 그들은 그것을 남겨두었습니다.

또 하나님이 말씀하셨습니다.

"안식일에는 나가서 거두지 말라."

그들이 어떻게 했을 것 같아요? 그들은 거두려고 나갔어요. 기본적으로 하나님이 하지 말라고 하시면, 그들은 하곤 했습니다. 또 하나님께서 하라고 하시면, 그들은 하려고 하지 않았습니다.

이것이 문제입니다. 하나님이 무엇이든지 여러분에게 하라고 말씀하시면, 여러분은 그것을 행할 믿음을 가질 수 있습니다. 우리는 그가 우리에게 말씀하시는 것을 그대로 행하면 됩니다.

여러분은 믿음이 살아 있는 것이라는 점을 아십니까? 모든 것이 돌에 새겨진 것은 아닙니다. 우리는 매일 믿음으로 행하기 위해 하나님으로부터 들어야 합니다.

요컨대, 이것의 완전한 그림은 요한복음에 있습니다.

주님이 **"나는 포도나무요 너희는 가지이다"**라고 하셨을 때, 조금 풀어서 설명하자면 이렇게 말씀하신 것입니다. **"너희가 내 안에 거하고, 너희가 내 안에 머무르며, 내 말이 너희 안에 있다면, 무엇이든지 원하는 대로 구할 수 있다. 그러면 그대로 너희에게 이루어질 것이다."**

이것이 믿음을 말하는 것 같이 들리지 않습니까?

여러분에게 믿음이 있습니까? 믿음으로 기도합니까? 믿음으로 말합니까? 그러면 역사가 일어납니다.

그러나 그것을 주님과의 살아 있는 교제에서 분리할 수 없습니다. 만일 주님이 당신에게 뭔가를 하라고 말씀하시는데 당신이 그것을 하고 싶지 않다면, 이렇게 말할 것입니다. "나는 그걸 하지 않겠습니다."

당신은 주님이 당신에게 하라고 한 것과 반대로 어떤 것을 하기 위해 그를 믿을 수 없습니다. 다른 사람들은 당신이 주님으로부터 듣지 못했다는 것을 모를 수 있습니다. 또는 그가 당신에게 하라고 말씀하신 것을 당신이 무시하고 있다는 것을 다른 사람들은 모를 수 있습니다.

그리하여 그들은 당신이 이렇게 말할 때 혼동할 것입니다.

"나는 이것에 대해 믿으며 이것이 일어날 것이라고 말합니다."

그런데 그것이 일어나지 않고 안 좋게 끝납니다. 그러면 사람들은 이해하지 못하고 말합니다. "그것보라고. 그러기에 믿음은 역사하지 않는다니까."

아닙니다. 당신은 하나님의 말씀에 귀를 기울이지 않았어요. 당신의 믿음은 하나님이 우리에게 말씀하신 것 안에 있어야 합니다.

믿음이 어떻게 옵니까? 당신은 머리 속에서 뭔가를 끌어내어 이렇게 말하면 안 됩니다. "나는 이걸 믿을 것이다. 나는 이것에 대해 믿을 것이다."

우리는 주님께 구합니다. 우리는 그의 말씀을 먹습니다. 우리는 그의 성령에 귀를 기울입니다. 우리는 이 상황에서 말하고 행해야 할 것을 그에게 묻습니다. 그러면 그가 우리에게 응답하십니다.

하나님은 여전히 그의 백성들에게 말씀하십니까?

네, 말씀하십니다.

우리가 그로부터 들을 때 모든 사람이 나와 함께 이것에 동의합니까? 당신이 그로부터 들을 때 나는 믿음을 가질 수 있습니다. 나는 그로부터 들었습니다. 그가 이것을 하라고 하셨습니다. 그의 말씀에서 그렇게 말했습니다. 그가 성령으로 나에게 그것을 말했습니다. 그러므로 이것은 내가 지금 하려고 하는 것입니다.

내가 그것을 말할 때, 내가 그것을 행하기 위해 나설 때, 역사가 일어날 것입니다. 하나님이 거기 계실 것입니다. 나의 믿는 것과 말하는 것에 반응으로 기적적인 일들까지도 일어날 것입니다.

그러나 내가 내 자신의 힘으로 뭔가를 하는 것이 아닙니다. 나는 주님으로부터 들었습니다. 그 믿음이 지금 내가 근거하여 행동하는 산 믿음이 되었습니다. 당신은 이것을 분명히 볼 것입니다.

이것의 또 다른 예를 히브리서에서 볼 수 있습니다. 주님이 당신에게 어떤 것을 하라고 말할 것입니다. 주님으로부터 들으면 믿음을 가질 수 있습니다. 위대한 믿음의 전당인 이 11장에서 여러분은 하나님으로부터 듣고 믿음을 가진 수많은 사람들의 이름을 볼 것입니다.

성경은 말하기를 노아는 홍수가 있으리라는 것을 하나님으로부터 들었다고 했습니다. 그는 방주를 지을 믿음이 있었고 수년 동안 그 일을 할 믿음이 있었습니다. **히브리서 11장에 나오는 모든 사람은 그들의 위대한 믿음의 공적을 그들이 하나님으로부터 들었다는 사실과 분리시킬 수 없습니다.**

그중 한 가지를 히브리서 11:29에서 보겠습니다.

29절은 이스라엘 백성들에 대해 말합니다. 모세의 지도하에서 **"믿**

음으로 그들은 홍해를 육지같이 건넜으나…" 이것은 놀라운 일입니다. 애굽 사람들이 이스라엘 백성들을 추격하고 있었습니다. 그들이 홍해를 건너기 전에 바로와 그의 군대가 바짝 따라붙었습니다.

이스라엘 백성들은 어떻게 해야 합니까? 그들은 돌아갈 수 없습니다. 앞으로 나아갈 수도 없습니다. 이를 가리켜 "진퇴양난"이라고 하죠. 성경은 말하기를 여호와께서 모세에게 명령하셨다고 했습니다. **"왜 너희가 부르짖느냐? 이스라엘 자손들에게 앞으로 나아가라고 말해라 네 지팡이를 들어 바다 위로 내밀라 그리고 이스라엘 백성들은 육지같이 마른 땅으로 바다 한가운데를 지나가라."**

하나님이 그들의 상황에 대해 모세에게 그렇게 말씀하셨습니다.

믿음이 어떻게 옵니까? 들음으로써 옵니다.

그들은 이제 홍해를 건널 믿음을 가질 수 있습니까? 물론이죠.

이것은 그들이 믿음을 가질 수 있는 유일한 방법입니다. 왜냐하면 자연법칙으로는 그들이 바다를 걸어서 건너갈 수 없기 때문입니다. 배도, 보트도 없습니다. 건널 방법이 없습니다. 그러나 그들은 하나님으로부터 홍해를 건너라는 말씀을 들었습니다.

여러분이 하나님으로부터 말씀을 들을 때, 무엇이든 가능합니다. 모든 것이 가능합니다. **그러나 먼저 하나님으로부터 들어야 합니다. 그에게 묻고, 구하고, 요구하면 그가 그의 성경을 통해 그의 성령으로써 여러분에게 알려 주실 것입니다.**

그러나 그다음 문구인 히브리서 11:29을 보세요. **"믿음으로 그들은 홍해를 육지같이 건넜으나 애굽 사람들은 이것을 시험하다가 빠져 죽었으며."**

자, 행동은 똑같았지만, 결과는 완전히 달랐습니다. 이스라엘 백성이 홍해에 들어서자, 하나님께서 바람을 불게 하여 물을 말아 올려 갈라지게 하셨습니다. 그들은 양쪽에 물이 벽을 이룬 가운데 바다 속으로 들어갔습니다. 여러분은 전에 이런 일을 본 적이 한 번도 없었습니다.

그러나 그들은 여호와로부터 들었고 그가 그들에게 "들어가라"고 하셨기 때문에, 그들은 그대로 했습니다. 그리하여 60만 군인들과 모든 여자들과 아이들이 그들의 가축과 물건들까지 해서 수백만의 사람들이 마른 땅처럼 건너갔습니다.

애굽 사람들은 그들이 하는 것을 보고 이렇게 생각했습니다.

'음, 우리도 그렇게 하면 되겠구나.'

그들이 건너려고 믿음으로 나섰습니까? 그들이 나서긴 했지만, 그것은 하나님을 믿는 믿음이 아니었습니다. 성경은 그들이 그것을 시험하다가 빠져 죽었다고 말하기 때문입니다.

자, 여기에 실질적인 교훈이 있습니다. 그것은 어떻게 그 두 백성이 똑같은 행동을 했는데 하나는 기적을 얻었고, 다른 쪽은 재앙을 당했는지 많은 것을 설명해 줍니다.

하나님이 이스라엘 백성들에게 뭐라고 하셨습니까? 다시 그것을 읽겠습니다. 출애굽기 14:15-16에 나옵니다.

"너희는 어찌하여 내게 부르짖느냐?"

그가 모세에게 말씀하셨습니다.

"이스라엘 자손에게 명령하여 앞으로 나아가게 하라. 지팡이를 들고 손을 바다 위로 내밀어 그것이 갈라지게 하라 이스라엘 자손이 바다 가운데서 마른 땅으로 행하리라."

그들이 하나님으로부터 들었습니까? 그들에게 선포된 것은 기름부음 받은 말씀이었습니까? 그것이 믿음 얻는 방법입니다. 그들은 이제 불가능한 것을 할 수 있는 믿음, 정상적으로는 통과할 수 없는 홍해로 발을 내디딜 믿음을 가질 수 있었고, 그대로 했습니다. 기적이죠. 그들은 홍해를 건널 믿음이 있었습니다.

하나님이 애굽 사람들에게 홍해로 들어가서 건너라고 말씀하셨습니까? 하지 않았습니다. 하지만 그는 이전에 적어도 일곱 번 그들에게 이렇게 말씀하셨습니다. **"내 백성을 보내라."** 맞아요?

하나님이 그들에게 홍해를 건너라고 말하지 않았기 때문에 그들은 홍해를 건널 믿음이 없었습니다. 모세는 애굽 사람이 아니었으니 그들은 하나님이 모세에게 하신 말씀을 듣지 못했습니다.

애굽 사람들이 믿음을 가질 수도 있었던 유일한 것은 하나님이 그들에게 **"내 백성을 보내라"**라고 말한 것뿐이었습니다. 그들은 이스라엘 백성들이 떠날 수 있게 할 믿음을 가질 수도 있었을 것입니다. 왜냐하면 하나님께서 그들에게 **"내 백성을 보내라"**라고 말씀하셨기 때문입니다.

여러분은 참된 믿음과 추정 사이에 큰 차이가 있다는 것이 보입니까? 나는 요한복음 4:41을 정말 좋아합니다. 사마리아 우물가의 여자는 마을로 돌아가서 사람들에게 주님에 관한 이야기를 전했습니다.

그러나 예수님이 마을로 들어가셨고 그들은 그를 보았으며 그의 말씀을 직접 들었습니다. 그리하여 **"더 많은 사람들이 그의 말 때문에 믿었다"**라고 했습니다. 42절에 그들이 그 여자에게 말했습니다. **"이제 우리가 믿는 것은 네 말로 인함이 아니니 이는 우리가 친히 듣고 그가 참으로 세상의 구주신 줄 앎이라 하였더라."**

여러분은 주님의 말씀을 직접 듣는 것을 대체할 수 있는 것이 아무것도 없다는 사실을 이해하십니까? 그것을 이해할 때 여러분의 믿음에 견고한 기초가 세워지게 됩니다. 시간이 다 되었군요.

큰 소리로 말합시다. **"나는 믿음으로 행합니다. 나는 믿음으로 삽니다. 나는 믿음으로 세상을 이깁니다. 우리는 믿음이 강해져서 하나님께 영광을 돌립니다."**

다음 시간에 뵙겠습니다.

배운 대로 행하기

"너희는 말씀을 행하는 자가 되라"(약1:22)

1__ 무엇을 배웠는가?

2__ 무엇을 행할 것인가?

Week 4

확신

4-1

시작할 때 **확신한 것을** 끝까지 붙잡으라

여러분, 〈믿음 학교〉에 오신 것을 환영합니다. 〈믿음 학교〉는 우리의 믿음을 말씀으로 먹이고, 우리의 영이 강해지며, 우리가 이기는 자가 되는 방법을 배우는 곳입니다. 그것이 우리를 위한 하나님의 뜻입니다. 하나님의 뜻은 우리가 인생을 힘들게 살며 몸부림치거나 패배하는 것이 아니라 승리하는 것입니다. 믿음은 하나님을 기쁘시게 하며, 믿음은 세상을 이기는 승리입니다. 이 시간 함께 기도할 때 믿음을 풀어놓읍시다.

"아버지여, 예수의 이름으로 합심하여 기도합니다.
말씀을 주시고, 기름 부음을 주시옵소서. 성령님께서
우리를 가르치시고, 도와주시며, 응답과 방향과 도움을 주시옵소서.
오직 주님만이 정확히 우리에게 필요한 것을 아시오니
우리 각 사람에게 사역해 주시옵소서. 우리가 듣기만 하지 않고

그 말씀대로 행할 때 주께서 지켜보시고,

우리 삶에 기적적인 일들이 일어날 것을 믿습니다.

예수의 이름으로 기도합니다. 아멘."

우리는 지금까지 "믿음"이라는 주제를 공부해 왔습니다.

왜 믿음인가? 믿음이란 무엇인가? 믿음이 어떻게 오는가? 이상의 주제는 배우고 알기에 매우 중요한 주제들입니다. 이전의 강의들을 놓쳤다면, 다시 듣고 많이 들으시길 바랍니다.

히브리서 11:1은 믿음에 대한 정의입니다. **"믿음은 바라는 것들의 실상이요 보지 못하는 것들의 증거니."** 이것은 믿음이 무엇인가에 대하여 하나님으로부터 받은 정의입니다.

영Young 박사의 문자역은 이렇게 말합니다. **"믿음은 바라는 것들의 확신**confidence**이며 보이지 않는 일들의 확신**conviction**이다."** 여기에 믿음을 묘사하기 위해 두 개의 단어가 사용되었습니다. confidence와 conviction입니다. 또 하나의 단어는 "설득"persuasion이고, 또 다른 단어는 확신assurance입니다.

성경은 아브라함이 **"하나님께서 약속하신 것을 능히 이루실 줄로 충분히 설득되었다"**라고 말했습니다. 그러므로 그런 단어들을 함께 생각해 보세요. "그는 충분히 설득되었다, 충분히 확신되었다, 납득이 되었다." 아브라함은 하나님께서 말씀하신 것을 그가 능히 이루실 줄로 확신했다고 말할 수 있습니다. 그러므로 "확신"은 "믿음"과 상호

교환되어 사용되는 단어임을 알게 됩니다.

우리가 전에 히브리서에 대해 언급했던 10장으로 돌아가서 35절을 보시면, 믿음의 정의를 미리 말했습니다. **"그러므로 너희 담대함** confidence**을 버리지 말라 이것이 큰 상을 얻게 하느니라."** 성경은 원래 장과 절로 구분하여 기록되지 않았습니다.

그러므로 10장과 11장으로 크게 나뉘어 있지 않습니다. 11:1은 **"이제 믿음은 바라는 것들의 실상이요 보지 못하는 것들의 증거이니."** 이 말씀은 10장의 연장으로, 저자는 확신assurance에 대해 말하고 있습니다. 그는 그들에게 이렇게 권면했습니다. **"그러므로 너희 담대함** =확신**을 버리지 말라. 이것이 큰 상을 얻게 하느니라."**

이제 11:6로 건너뛰어 봅시다. 장과 절로 기록된 것은 참고하고 쉽게 찾을 수 있도록 도움을 주기 위한 것이니, 이 모든 것을 합하면 한 가지 계시입니다.

6절입니다. **"믿음이 없이는 하나님을 기쁘시게 하지 못하나니 하나님께 나아가는 자는 반드시 그가 계신 것과 또한 그가 자기를 찾는 자들에게 상 주시는 이심을 믿어야 할지니라."**

여러분은 이런 사상이 어떻게 10:35부터 11:6까지 흐르고 있는가를 보게 됩니다. 그는 **"너희 담대함**=확신**을 버리지 말라 이것이 큰 상을 얻게 하느니라"**라고 말한 다음, 몇 구절 뒤로 가서 **"믿음이 없이는 하나님을 기쁘시게 하지 못한다"**라고 말합니다. 여러분은 다른 무엇보다도 **"하나님은 그를 찾는 자들에게 상 주시는 분"**이라는 것을 믿어야 합니다.

그러므로 하나님을 신뢰하는 자들에게 "상"이라고 하는 놀라운 혜택이 분명히 있습니다. 바꾸어 말하면, 이렇게 말할 수 있습니다.

"믿음으로 행하면 보상이 있는가? 보답을 받는가? 하나님은 그를 신뢰하여 믿음으로 행하고 믿음으로 사는 자들에게 보상을 하시는가?"

물론입니다. 실제로 10:35로 돌아가면 큰 상급이 있다고 했는데, 주님께서 그냥 상이 아니라고 하셨다면, 그 상급은 큰 보상의 상급인 것입니다.

내 아내 필리스와 나는 거의 40년 동안 "믿음으로 행하는 삶"을 살아왔습니다. 지나간 날을 돌아볼 때 하나님이 어디서 우리 부부를 이끌어 내셨고, 우리가 얼마나 무지했으며, 내가 여러분에게 설교하고 있는 오늘에 이르기까지 우리가 가진 자원이 얼마나 적었는가를 알게 됩니다. 할렐루야!

여기까지 오는 데는 많은 자원이 필요했습니다. 그런데 하나님께서 설교거리까지 많이 우리 부부 안에 넣어주셨습니다. 나는 그것을 큰 보상이라고 부릅니다.

하나님은 여러분을 위해서도 그렇게 하실 것입니다. 하나님은 여러분 각 사람을 위한 계획이 있는데, 그것은 여러분의 가장 큰 생각과 꿈과 열망을 훨씬 초월하는 계획입니다.

그러나 우리가 그것에 접근할 수 있는 방법은 오직 "믿음"이라는 것으로만 가능할 것입니다. 그것이 묘사하는 또 하나의 방법은 "확신"입니다. 사실, 히브리서 3:6절로 돌아가면 **"그리스도는 하나님의 집을 맡은 아들로서 그와 같이 하셨으니 우리가 소망(즉 기대)의 확신과 자랑을 끝까지 굳게 잡고 있으면 우리는 그의 집이라."**

그는 우리에게 권면하기를 확신으로 시작할 뿐 아니라 또한 10:35에서는 **"너희 담대함**=확신**을 버리지 말고 굳게 붙잡으라"**라고 말합니다.

여러분이 건너뛰어 히브리서 3:14을 보세요. **"우리가 시작할 때에 확신한 것을 끝까지 견고히 잡고 있으면 그리스도와 함께 참여한 자가 되리라."** 여러분이 단어들을 찾아보면 여기서 "확신"이라는 이 단어는 히브리서 11:1에서 "실상"으로 번역된 단어와 똑같습니다. **"믿음은 바라는 것들의 실상이요."** 바로 그 동일한 헬라어가 여기서는 "확신"으로 번역이 되었습니다. 그러기 때문에 영 박사의 문자역과 다른 번역본이 그런 식으로 번역했던 것입니다. **"믿음은 바라는 것들의 확신이요 보이지 않는 것들의 확신이다."**

그러나 그는 여기 14절에서 이렇게 말합니다. **"우리가 시작할 때에 확신한 것을 끝까지 견고히 잡고 있으면 그리스도와 함께 참여한 자가 되리라."** 이제 그것을 좀 더 살펴봅시다. 그는 분명히 믿음의 조상인 아브라함이 어떻게 믿음과 인내로 하나님의 축복과 약속을 상속받았는지에 대해 말합니다.

"우리가 시작할 때에 확신한 것을 끝까지 견고히 잡고 있으면 그리스도와 함께 참여한 자가 되리라." 여러분이 성경에서 읽은 것, 하나님께서 여러분에게 깨우쳐 주신 것, 좋은 설교를 들은 것에 대해 감동 받은 것으로는 충분치 않습니다. 잠시 동안은 흥분이 되고 뭔가 어떤 일들이 일어나기를 기대하지만, 이내 지치고 피곤하여 그만두게 됩니다. 마치 당신이 하나님을 전혀 믿지 않았던 것과 똑같아집니다. 하나님을 믿고 잠시 시도해 보다가 포기하고 그만둘 순 없습니다. 시작할 때 확신한 것, 시작할 때의 그 흥분을 끝까지 견고하게 붙잡아야 합니다.

그러하기에 〈믿음 학교〉에서 우리의 믿음을 정기적으로 먹여야 하는 것입니다. 또 여러분이 매일 성경을 한 장이라도 읽어야 합니다. 그리고 믿음을 공급 받는 좋은 교회에 다녀야 합니다. 정치적 관점이나 대중적 의견, 또는 누군가의 이론이나 사상을 먹이는 게 아니라 당신의 영을 먹이는 믿음의 말씀, 기름 부음이 있는 말씀으로 양육되는 교회에 출석해야 합니다.

왜 그렇습니까? 여러분의 믿음을 그런 말씀으로 먹이지 않으면 그 처음에 받았던 성령님의 감동을 유지하기 어렵기 때문입니다. 실제로 여러분은 점점 더 약해지고 낙심이 되어 마침내 그 확신을 던져버릴 것입니다.

이렇게 말하겠죠.

"글쎄, 나는 모르겠어. 그게 옳다는 생각이 들긴 해. 하나님이 나의 기도를 들으신 것 같아. 그게 역사할 거라 생각하지만, 안 그럴지도 몰라."

그래서 결과가 없는 것입니다. 사실은, 당신이 시작했을 때의 확신을 굳게 붙잡았다면, 전혀 다른 결과를 얻었을 것입니다.

큰 소리로 따라 하세요. **"시작할 때 확신한 것을 끝까지 견고하게 붙잡읍시다."** 자, 그것은 믿음 안에 있다고 말하는 또 다른 방법입니다. "확신"이라는 이 단어를 기억하세요? 그것은 "믿음"이라는 단어와 교체하여 사용됩니다. 믿음은 기대하는 것들의 확신이며, 보지 못하는 것들의 확신 혹은 증거입니다. 그러므로 믿음의 큰 특징 중 하나는 **믿음은 확신한다**는 것입니다.

믿음의 큰 원수 중 하나는 불확실성입니다. 만일 그 원수가 당신이나 내 생각 속에 들어올 수 있다면, 이렇게 의문부호를 붙일 것입니다. "되는 거야, 안 되는 거야? 그것이 될 수 있을까? 아마 그럴지도 모르지. 아마 안 될지도 몰라. 그것이 하나님의 뜻일까, 하나님의 뜻이 아닐지 몰라."

바로 그런 말이 흔들리고 있다는 끔찍한 증거입니다. 성경은 우리가 흔들리면, 받지 못할 것이라고 경고합니다.

이제는 방향을 돌려서 야고보서 1:5에서 뭐라고 말했는지 보겠습니다. **"너희 중에 누구든지 지혜가 부족하거든 모든 사람에게 후히 주시고 꾸짖지 아니하시는 하나님께 구하라 그리하면 주시리라."**

나는 이 말씀을 읽을 때마다 위로와 축복을 받습니다.

여러분이 지혜를 구할 경우, 왜 주님이 꾸짖을까요? 왜 그런 말씀을 할 필요가 있었을까요?

때로 사람들은 질문하기를 두려워합니다. 왜냐하면 모두 나를 쳐다보고 그것도 모르냐는 식으로 생각할지 모르기 때문입니다.

모두가 그것을 알고 있다고요? 그것은 사실이 아닙니다. 주님은 당신을 멍청이같이 대하지 않을 것입니다. 그것이 여러분에게도 위로가 됩니까? 성령은 위로자이십니다. 여러분이 그에게 "주님, 나는 그것에 대해 지혜를 사용하려고 합니다. 지혜를 주시옵소서."라고 구합니다.

그러면 주님이 "뭐라고? 너 그것도 모르느냐? 너는 바보로구나!"라고 하지 않을 것입니다. 그는 여러분을 꾸짖지 않을 것입니다.

그가 뭘 하시겠다고 했지요? 여러분에게 지혜를 후히 주신다는 것입니다. 얼마나 놀랍습니까! 그러나 여기서 멈출 필요가 없습니다. 바로 그다음 구절에서 우리에게 주의를 주시기 때문입니다.

6절입니다. **"오직 믿음으로 구하라."**

우리가 오늘 공부한 것에서 바로 사용할 수 있는 또 다른 단어가 무엇이죠? "확신 가운데 구하라, 또는 확신 있게 구하라, 믿음 안에서 확신하면서 구하라."

"조금도 의심하지 말라. 의심하는 자는 마치 바람에 밀려 요동하는 바다 물결 같으니 이런 사람은 무엇이든지 주께 얻기를 생각하지 말라."

자, 이것이 우리가 구하는 방법입니다. 우리가 확신 있게 구하느냐, 의심하면서 구하느냐가 받느냐 받지 못하느냐를 결정합니다. 이것은 결코 작은 일이 아닙니다.

바로 그다음 구절이 다시 언급합니다.

"두 마음을 품어 모든 일에 정함이 없는 자로다."

그러므로 의심하고, 흔들리면서 "나는 그렇게 짐작한다, 나는 그렇게 바란다, 나는 그렇게 생각한다, 아마 그럴지 몰라, 아마 안 그럴지 몰라"와 같은 이런 것은 하나님으로부터 뭔가를 받는 일에 관해서라면 역사하지 않습니다.

성경을 찾아보아야 합니다. 그것이 확정될 때까지 하나님을 구해야 합니다. 그것이 해결되어 우리가 더 이상 "그럴지 몰라, 안 그럴지 몰라" 하면서 질문할 필요가 없을 때까지 우리는 믿음으로 구할 수 있습니다.

다시 야고보서 1:5로 돌아가죠. **"너희 중에 누구든지 지혜가 부족하거든 하나님께 구하라."** 여러분은 여기서 하나님으로부터 지혜를 성공적으로 얻을 수 있는 필수요소가 보이나요?

여기서 놀라운 점은, 만일 지혜를 얻는 데 그것이 역사한다면 모든 종류의 것에도 역사할 것입니다. 그 원리는 똑같은 방법으로 역사합니다.

여기서는 지혜에 대해 말하고 있습니다.

"만일 내게 지혜가 부족하다면"

그 말은 만일 내게 치유나 힘이 부족하다면, 내게 평안이 부족하다면, 내게 생활비가 부족하다면 등과 똑같은 말일 것입니다. 만일 뭔가가 부족하다면 하나님께 구하라. 하나님은 당신을 꾸짖지 않으실 것입니다. 그는 당신에게 지혜를 후히 주실 것입니다.

6절입니다. **"오직 믿음으로 구하고 조금도 의심하지 말라."**

뭘 의심하지 말라고요? 무엇에 대해서? 여러분은 무엇에 대해서 의심하려고 하세요? 그것은 내가 지혜를 얻는 게 하나님의 뜻이냐 아니냐의 문제로 돌아갈 것입니다. 만일 원수 마귀가 나의 생각 속에 다음과 같이 의심할 생각을 넣을 수 있다면, 어떻게 되겠어요?

예컨대 "하나님은 내가 알지 못하고, 내가 더듬거리고 있어야 나로부터 더욱 많은 영광을 얻으실 거야. 어쩌면 이게 그의 계획일지도 몰라." 만일 그런 생각이 있다면, 여러분은 지혜를 구하는 믿음이 될 수 없습니다.

그는 이어서 말합니다. **"만일 믿음으로 구하지 않는다면, 그 사람은 받을 생각을 하지 말라."** 그는 여기서 지혜 그 이상에 대해 말하고 있습니다. 우리는 지혜뿐만 아니라 무엇이든지 얻을 수 있을 것입니다. 그러나 믿음으로 구하지 않는다면, 받지 못할 것입니다. 지혜는 물론, 아무것도 얻지 못할 것입니다. 나는 받지 못하는 것에 관심이 없습니다. 나는 받는 것에 관심이 있습니다.

그러나 우리는 왜 받지 못하는지를 알아야 합니다. 여기서 원인이 무엇인지 말해줍니다. 무엇이 우리로 받지 못하게 합니까?

다시 6절로 돌아갑시다. 무엇 때문에 받지 못하죠? **"의심하는 것"**

입니다. 오늘날의 말로 하면, 그것을 "엉거주춤함"으로 말할 수 있을 것입니다. 성경은 그것이 당신을 **"모든 일에 정함이 없게"** 한다고 말합니다. 그것은 가장 좌절케 하는 것 중 하나입니다. 인생에서 가장 고통스런 것 중 하나는 알지 못하는 것, 확신이 없는 것입니다.

여러분이 들어보았을 테지만, 하나님에 관한 한 너무도 많은 사람들이 하나님의 뜻은 알 수 없다는 식으로 행동합니다. 사람들이 다음과 같은 온갖 종류의 말을 늘어놓습니다.

"하나님이 어떻게 하실지 전혀 모르겠다."

내가 분명히 아는 것은, 그들은 자기가 무슨 말을 하고 있는지 충분히 생각도 하지 않고 말합니다.

하나님은 말씀하시고 잊어버리는 분입니까?

아닙니다. 하나님은 그가 하시겠다고 말씀하신 것을 성실하게 행하십니다. 그러므로 그가 뭔가를 행하시겠다고 말씀하셨다면, "당신은 하나님이 뭘 하려고 하시는지 결코 몰라." 그런 말을 절대 하지 말아야 합니다.

만일 그가 그의 말씀에서 뭔가를 하시겠다고 말씀하셨다면, 당신은 그가 그렇게 하실 것을 믿을 수 있습니다. 우리가 그것을 믿는다면, 그것은 의심을 제거해 버립니다. 추측을 제거합니다. 그것은 마음의 흔들림을 제거합니다.

구약에서 선지자 엘리야 시대에 영적 대결이 있었습니다. 수많은 하나님의 백성이 그를 떠나 바알 우상을 섬겼습니다.

주님이 선지자를 보내 백성들에게 도전했습니다. **"만일 하나님이 신이면 그를 섬기라. 만일 바알이 신이면 그를 섬기라. 너희가 어느 때까지 두 의견 사이에서 머뭇거리겠느냐?"** 바꿔 말하면, 너희 마음을 정해라. 하나님이 참 신이냐, 바알이 참 신이냐? 누가 옳으냐?

때로 사람들은 다른 사람의 감정을 상하게 하거나 당황하게 하는 것에 대해 많은 신경을 씁니다. 그래서 사회적으로 마음에 들게 하고 모든 사람의 의견을 수용하고 싶어 하는데, 그런 식으로 되지 않습니다. 진리를 가지면서 또 진리가 아닌 것을 갖습니다. 옳으면서 또 틀립니다. 하나님으로부터 뭔가를 얻기 위해서는 100% 그에게 동의해야 합니다. 만일 하나님이 이렇게 말씀하시는데, 당신은 "글쎄요, 그렇게 될 수도 있고, 그렇지 않을 수도 있다"라고 한다면, 당신은 아무것도 받지 못할 것입니다.

만일 당신이 그에게 동의한다면, 그것이 "고백"confession이라는 단어의 정의 중 하나입니다. 고백의 문자적인 뜻은 **"같은 것을 말하다"** 입니다. 만일 주님이 우리 죄를 씻어주셨다고 말씀하시면, 우리는 **"그가 우리의 죄를 다 씻으셨다."**라고 말해야 합니다. "내가 너를 그리스도 예수 안에서 새로운 피조물로 만들었다"라고 그가 말씀하시면, 우리는 **"그가 나를 그리스도 예수 안에서 새로운 피조물로 만드셨다"** 라고 말해야 합니다. "내가 너를 의롭고 거룩하게 했다"라고 그가 말씀하시면, 당신은 하나님께 동의를 해서 이렇게 말해야 합니다. **"그가 나를 의롭고 거룩하게 만드셨다."**

그다음에는 "나는 더럽고 추한 오래된 죄인입니다. 바라오니 은혜로 나를 구원해 주옵소서."라고 말하기를 그만두어야 합니다. 당신이 믿음으로 구원 받았다면, "그럴지 몰라, 그러기를 바라지…" 이렇게 의심하기를 그만두어야 합니다.

당신은 "내가 믿는 자를 내가 알고 그가 말씀하신 것에 대해 나는 확신한다"로 돌아가야 합니다. 할렐루야! 아브라함처럼 "그가 약속하신 것을 능히 이루실 줄 확신해야" 합니다.

오늘 시간이 다 되었군요. 다시 이렇게 말하세요. **"나는 믿음으로 행합니다. 나는 믿음으로 삽니다. 나는 믿음으로 세상을 이깁니다. 나는 믿음이 강하여져서 하나님께 영광을 돌립니다."**

다음 시간에 뵙겠습니다. 승리하세요!

배운 대로 행하기

"너희는 말씀을 행하는 자가 되라"(약1:22)

1 __ 무엇을 배웠는가?

2 __ 무엇을 행할 것인가?

4-2

먼저 **하나님의 뜻에 대해** 확신하라

여러분, 〈믿음 학교〉에 나오신 걸 환영합니다. 〈믿음 학교〉는 우리의 믿음을 말씀으로 먹이고, 우리의 영이 점점 강해지며, 이기는 자가 되는 방법을 배우는 곳입니다.

하나님의 뜻은 우리가 패배하는 것이 결코 아닙니다. 하나님이 정해 놓으신 실패, 하나님이 정해 놓으신 패배 같은 것은 없습니다. 그것을 여러분에게 납득시키려고 시도하는 사람들이 있을 것입니다.

그러나 그것은 사실이 아닙니다. 하나님 안에서는 실패도, 패배도 없습니다. 성경은 말하기를 그가 우리 안에 더 크신 분, 이 세상에서 우리를 대적할 수도 있는 어떤 사람이나 어떤 것보다 더 크신 분을 우리 안에 두셨다고 했습니다. 그분은 우리를 넉넉히 이기는 자로 만들었습니다.

또한 성경은 이기는 방법을 말해줍니다. **"세상을 이기는 승리는 이것이니 곧 우리의 믿음이니라."**

우리의 믿음을 함께 풀어놓고 기도하겠습니다.

"아버지여, 예수의 이름으로 감사를 드립니다. 우리 모든 사람이
보고 듣고 받을 수 있도록 준비시켜 주심에 감사를 드립니다.
주님, 말씀과 기름 부음을 주시고, 보고 받을 수 있는
눈과 마음을 주시옵소서. 응답과 방향과 도움을 주옵소서.
우리 모두 들은 말씀을 행하는 자가 되게 하옵소서.
주님께 영광 돌리며 예수님의 이름으로 기도합니다. 아멘."

우리가 어제 살펴보았던 히브리서를 보겠습니다. 히브리서 11:1로 시작하고, 그다음 10장으로 가겠습니다. 이 두 장은 함께 갑니다.

오늘은 믿음이 무엇이며, 그것이 어떻게 기능하는가에 관해 좀 더 상세히 보겠습니다. 히브리서 11:1, "믿음은 바라는 것들의 실상이요 보이지 않는 것들의 증거니."

영 박사의 문자역은 이렇게 번역합니다. **"믿음은 바라는 것들의 확신이며 보이지 않는 문제들의 확신이다."** 그러므로 여기서 사용된 두 단어, 믿음은 confidence/확신이고, 또한 conviction/확신이라는 말에 주목하세요.

우리가 히브리서 11:1보다 몇 구절 앞에 있는 히브리서 10:35에 보면, 하나님께서 이미 동일한 주제에 관해 말하고 있습니다. **"그러므로 너희 담대함**confidence**/ 확신을 버리지 말라."**

신약의 여러 군데에서 "담대함confidence"이라는 단어와 "믿음faith"

이라는 단어는 서로 바꾸어 쓰인 것을 알 수 있습니다. 믿음은 확신이며, 하나님에 대한 확신은 곧 하나님에 대한 믿음입니다. 그가 말하기를 "너희 담대함/확신을 버리지 말라 이것이 큰 상을 얻게 하느니라"라고 했습니다.

몇 구절 뒤에 가서 히브리서 11:6은 말하기를, **"믿음이 없이는 하나님을 기쁘시게 하지 못한다"**라고 했습니다. 여러분은 **"그가 계신 것과 그가 자기를 찾는 자들에게 상 주시는 이심을 믿어야 합니다."**

하나님은 좋으신 하나님이시며, 그를 찾는 자들은 좋은 것들을 받을 것입니다. 그에게 확신을 두고 그 확신에 따라 행하고, 확신 가운데 그에게 구하고, 그가 우리에게 하라고 말씀하신 것을 확신하는 자들은 상을 받을 것입니다. 좋은 결과로 보상을 받을 것입니다. 무한히 기다리는 자들에게 좋은 일들이 일어날 뿐만 아니라 믿는 자들과 믿고 행하는 자들에게도 좋은 일들이 일어날 것입니다.

35-38절을 계속 읽읍시다. **"그러므로 너희 담대함/확신을 버리지 말라 이것이 큰 상을 얻게 하느니라. 너희에게 인내가 필요함은 너희가 하나님의 뜻을 행한 후에 약속하신 것을 받기 위함이라 잠시 잠깐 후면 오실 이가 오시리니 지체하지 아니하시리라. 나의 의인은 믿음으로 말미암아 살리라 또한 뒤로 물러가면 내 마음이 그를 기뻐하지 아니하리라 하셨느니라."**

38절에서 **"나의 의인은 믿음으로 말미암아 살리라"**라고 했습니다. 여러분은 하나님의 의로운 자입니까? 우리가 의로운 자가 된 것은 우리의 완전한 삶의 방식이나 업적 때문이 아니라, 주님께서 그의 십자가 희생으로 우리를 의롭게 하셨기 때문입니다. 그 자신의 피로 그가 우리를 사서 의롭게 하셨습니다. 그가 말씀하셨습니다. **"나의 의인은 믿음으로 말미암아 살리라. 또한 뒤로 물러가면 내 마음이 그를 기뻐하지 아니하리라."**

몇 구절 뒤로 가서 11:6을 봅시다. **"믿음이 없이는 하나님을 기쁘시게 하지 못하나니."** 여러분은 왜 내가 우리의 공부에 이 10장을 포함시키고 있는지 아세요? 그것이 11장과 함께 가기 때문입니다. 그 둘을 갈라놓는 것은 잘못일 것입니다. 그는 같은 것에 대해 말하고 있습니다. 사실은 그가 10장에서 이미 언급한 어떤 사상을 11장에서 반복하고 있는 것입니다.

무엇이 하나님을 기쁘시게 합니까? 하나님에 대한 우리의 확신과 그에 대한 우리의 담대함이 그를 기쁘시게 하고 그를 영화롭게 합니다. 하나님이 무엇을 기뻐하시는가에 대해 잘못된 생각이 있어 왔습니다. 무엇이 겸손이고, 무엇이 하나님을 기쁘시게 하는가에 대해 잘못된 사상이 있어 왔습니다. 계속해서 약하고 흔들리는 것이 겸손이라고 많은 사람들은 생각해 왔습니다.

이렇게 말하는 것입니다. "하나님이 무엇을 원하시는지 나는 모릅니다. 그건 그분에게 달려 있지요. 내 뜻이 아니고, 그의 뜻에 달려 있어요."

그것은 예수님의 기도에서 인용한 말인데, 우리가 후에 살펴보겠지만, 예수님은 내내 그런 식으로 기도하지 않았습니다.

우리는 몇 가지를 이해할 필요가 있습니다. 우리가 얼마나 약하고 얼마나 유연한가가 아버지를 기쁘시게 한다고 생각하는 사람들이 있어 왔습니다. 아닙니다. 하나님은 무엇이나 다 마음대로 하는 하나님이 아니십니다.

그는 아십니다. 그는 의심하지 않습니다. 그는 흔들리지 않습니다. 그는 문제를 해결하려고 노력하지 않습니다. 그는 처음부터 끝을 아시며, 그가 그의 뜻이 무엇인지 우리에게 말씀하셨을 때, 그는 우리가 담대하게 그것을 믿기를 원하십니다.

여러분은 히브리서 4장이 우리에게 말씀하신 것을 기억하세요? 하나님은 우리가 멍청이가 되기를 원하시나요? 무슨 일이 있어도 우리의 첫 번 대답이 "미안해요"와 "나는 몰라요"라는 두 가지가 되기를 원하시나요? 그것이 하나님을 기쁘시게 합니까? 그가 그것을 매력적이라고 생각하나요? 그가 그것을 사랑스럽다고 생각하나요? 아닙니다.

사람들은 이렇게 말합니다. "미안하지만 나는 아무것도 몰라요." 어떤 이들은 그것이 아버지를 기쁘시게 한다고 생각합니다. 우리가 모든 것을 확신하지 못해서 약하다고 생각합니다.

그러나 그것은 사실이 아닙니다. 하나님은 우리가 그의 뜻을 찾아내기를 원하십니다. 그는 우리가 그의 뜻 안에서 강해지기를 원하십니다. 그는 우리가 일어나기를 원하십니다. 그는 우리가 손을 내뻗어 붙잡기를 원하십니다. 할렐루야.

그는 우리가 **믿음 안에서 "공격적"이 되기를 원하십니다. 하나님께 대항해서가 아니라, 원수 마귀의 모든 일을 이기는 일에서 공격적이 되고, 육신의 모든 약한 것들을 극복하는 일에서 공격적이 되며, 모든 잘못된 생각과 상상을 일축하고 모든 두려움을 탱크처럼 짓밟아 버리는 일에서 공격적이 되기를 원하십니다.** 여러분은 하나님이 우리가 이같이 되기를 원하신다고 믿습니까?

만일 여러분이 약한 것이 겸손이라고 가르침 받았다면, 그건 아닙니다. 참된 경건한 겸손에는 약한 것이 없습니다. 여러분이 그것을 믿는다면, 그것은 색안경을 끼고 성경을 읽은 것입니다.

히브리서 4:14을 봅시다. **"그러므로 우리에게 큰 대제사장이 계시니 승천하신 이 곧 하나님의 아들 예수시라 우리가 믿는 도리를 굳게 잡을지어다."**

믿는 도리란 "고백"confession이라는 단어와 같습니다. 여러분의 고백을 굳게 붙잡으세요. **"우리에게 있는 대제사장은 우리의 연약함을 동정하지 못하실 이가 아니요 모든 일에 우리와 똑같이 시험을 받으신 이로되 죄는 없으시니라 그러므로 우리는 긍휼하심을 받고 때를 따라 돕는 은혜를 얻기 위하여 은혜의 보좌 앞에 담대히 나아갈 것이니라."** 히4:15-16

어떻게 나아가라고요?

담대히. 은혜의 보좌 앞에 담대히 나아가야 합니다.

때로 사람들이 이렇게 말하는 것을 듣습니다.

"나는 천국 문을 공격해 왔습니다. 우리는 기도로 천국 문을 공격해 왔습니다." 내가 농담하는 게 아닙니다. 여러분은 어떤 문구를 듣고 그것이 맞는 소리 같다고 생각하여 그것을 붙잡는 일을 경계해야 합니다.

우리는 어떤 문이든 공격하는 그런 일을 하지 않습니다. 우리는 보좌가 있는 방에 속한 자들입니다. 왜냐하면 보좌 위의 창조자는 우리의 아버지이시기 때문입니다. 할렐루야.

하나님은 우리에게 이렇게 말하지 않았습니다.

"자, 여러분은 천국 문에 와서 그것을 공격하세요. 그러면 내가 여러분을 위해 무엇을 하고 싶어 하는지 볼 것입니다." 아닙니다.

그가 뭐라고 했지요? 16절 보세요.

"은혜의 보좌 앞에 담대히 나아가라"라고 했습니다.

담대히 나아가라!

자, 여러분은 "확신"이라는 이 단어가 어떤 경우들에서는 "담대함"으로 번역되었다는 것을 알 것입니다. 같은 단어예요. 그러므로 믿음으로 말하는 것, 확신을 말하는 것, 담대함을 말하는 것, 이런 단어들은 서로 교환해서 사용할 수 있습니다.

이렇게 말할 수 있지요. **"은혜의 보좌 앞에 믿음으로 나아가자. 은혜의 보좌 앞에 담대히 나아가자."**

그런데 그렇게 하지 않는 사람들이 많습니다. 그들은 애걸하며 나옵니다. 열등감을 가지고 나옵니다. 부끄러움을 가지고 나옵니다. 그러기에 많은 사람들이 "나는 보좌 앞에 나아갈 수 없다. 나는 천국 문 밖에 머물면서 간청을 하고 천국 문을 덜컹덜컹 흔들어대야 한다."라고 생각합니다.

아닙니다. 당신은 용서 받았고, 보혈로 씻음을 받았으며, 그리스도의 속량 사역으로 그의 임재 안에 들어가기에 합당하게 되었습니다.

만일 그리스도의 합당함과 의가 우리에게 없다면, 우리의 것으로는 천국에 받아들여질 수 없습니다. 만일 그의 의가 우리에게 있다면, 우리가 의의 문을 덜컹덜컹 흔들 필요가 없습니다. 그의 의는 높은 위엄의 오른편에 앉아 있습니다. 그것이 그리스도의 의인데, 그것이 우리에게 있습니다. 그것은 우리에게 주신 것입니다.

당신이 그것을 깨달을 때, 그것이 당신을 담대하게 합니다. 하나님은 우리의 문제거리가 아닙니다. 우리는 하나님께 무엇이든지 요구할 필요가 있는 게 아니라 하나님이 우리에게 말씀하신 모든 것에 확신을 가질 필요가 있습니다. 만일 하나님께서 우리에게 "너는 예수의 이름의 권세를 가졌으니 모든 무릎이 그 이름에 꿇어야 한다"라고 말씀하시면, 우리는 바로 서서 모든 무릎이 예수의 이름에 꿇어야 한다고 말해야 합니다. 의심하지 말고, 흔들리지 말고. "아마 그럴 거야."라는 말을 하지 말아야 합니다.

에베소서 5:17을 봅시다. **"그러므로 어리석은 자가 되지 말고 오직 주의 뜻이 무엇인가 이해하라."** 영 박사의 문자역은 이렇게 번역합니다. **"이것 때문에 바보가 되지 말고, 주의 뜻이 무엇인가 이해하라."**

많은 사람이 하나님의 뜻을 알 수 없다고 생각해 왔습니다. 하나님은 우리보다 훨씬 우월한 지식을 가지고 우리를 다루시기 때문에 우리는 그의 뜻을 이해할 수 없다고 생각했습니다. 그리하여 많은 사람들은 하나님의 뜻을 확인하기 위해 어떤 일이 일어나는지 살피는 것이라고 결론을 내렸습니다.

"글쎄요, 만일 그게 하나님의 뜻이라면, 나는 하나님께 뭔가를 기도로 구하겠습니다."

그것이 하나님의 뜻인지 아닌지 우리가 어떻게 알까요? 그것이 일어난다면, 그것이 하나님의 뜻이라고 우리는 알 것입니다. 그것이 일어나지 않는다면 어떻게 됩니까? 그때는 그의 뜻이 아닌 게 틀림없습니다. 그것이 바보가 되는 길입니다.

많은 사람들이 그것을 주의 뜻이라고 이해하기에 어리석어서 쉽게 속는 것입니다. 예수께서 이렇게 말씀하셨습니다.

"도둑이 오는 것은 도둑질하고 죽이고 멸망시키려는 것이요 내가 온 것은 너희로 생명을 얻고 더 풍성히 얻게 하려는 것이라."

하지만 도둑질하고 죽이고 멸망시키는 것을 하나님께로 돌리는 크리스천들이 많습니다. 그들은 말합니다. "그게 하나님의 뜻임에 틀림없습니다. 왜냐하면 그것이 일어났기 때문이죠."

아닙니다. 하나님의 뜻이 아닌 온갖 종류의 일들이 여기 이 땅에서 일어나고 있습니다. 그러므로 "나는 하나님의 뜻을 알 수가 없어요. 아무도 하나님의 뜻을 알지 못하지요"라고 말해서는 안 됩니다.

성경은 주의 뜻이 무엇인지 이해해야 한다고 말합니다.

다시 에베소서 5:17을 읽읍시다.

"그러므로 어리석은 자가 되지 말고 오직 주의 뜻이 무엇인가 이해하라."

우리는 하나님의 뜻을 찾고 발견하고 알아야 할 책임이 있습니다.

그 결과는 무엇이죠?

믿음이 어떻게 옵니까? 들음으로써 옵니다. 만일 우리가 하나님의 뜻을 찾고 발견한다면, 그것 때문에 우리가 확신하게 될까요? 그럼요. 그래야만 흔들림과 의심이 없어질 것입니다. 그때 우리는 확신하게 될 것입니다.

자, 우리는 믿음의 영역에 있습니다. 여러분은 그것이 보이나요? "확신"은 "믿음"에 대한 또 다른 단어입니다. 믿음은 확신입니다. 무엇에 대한 확신이죠? 하나님의 뜻에 대해 확신하고, 하나님께서 공급하신 것에 대해 확신하죠.

내가 강력히 추천하는 위대한 책, 「치유자 그리스도」베다니출판사 발행의 저자이신 F. F. 보스워스가 이런 말을 했습니다.

"믿음은 하나님의 뜻이 알려진 곳에서 시작된다."

그러므로 "내가 공과금을 내고 월세를 내도록 하는 것이 하나님의 뜻입니까?"라고 당신이 말한다면, 사람들은 이렇게 말합니다.

"글쎄요, 하나님은 무엇이든 하실 수 있지만, 당신은 그의 뜻을 결코 알지 못하죠."

믿음으로 구하는 것에 대해 하나님이 뭐라고 하셨습니까? 의심한다면, **"그 사람은 주께 얻기를 생각하지 말라"**고 했습니다. 우리가 먼저 하나님의 뜻에 대해 확신할 때까지는 믿음의 기도를 한마디도 할 수 없고, 믿음의 선포를 한마디도 할 수 없습니다.

그런 이유로 우리가 〈믿음 학교〉를 하는 것입니다. 여기서 여러분은 성경을 통해 하나님의 뜻을 발견할 것입니다. 여러분이 해방받을 때 얼마나 기뻤어요! 그런데 "나는 모른다, 나는 그러길 바란다, 나는 확신이 없다"는 식으로 말하면 됩니까?

여러분, 큰 소리로 따라 하세요. **"나는 하나님의 뜻을 알 수 있다. 나는 하나님의 뜻을 발견할 수 있다."**

성경이 뭐라고 말했지요? **"어리석은 자가 되지 말고 오직 주의 뜻이 무엇인가 이해하라"**고 했습니다.

때로 사람들은 이렇게 말합니다.

"그게 하나님인지 아닌지 어떻게 아세요?"

그래서 구약의 기드온처럼 양털을 꺼내려고 하는 사람들이 있습니다. 기드온은 양털을 꺼내 이렇게 말했습니다. "만일 하나님의 뜻이면, 이슬이 여기에만 있게 하고 딴 데는 없게 하옵소서." 그다음에는 그 반대로 되게 해달라고 했습니다. 그리하여 그는 이것이 하나님인지 아닌지 알기 위해 외부적인 것들을 바라보았던 것입니다.

우리는 외부적인 것들에 의존하지 않습니다. 하나님의 뜻을 알게 하려고 이 성경책의 저자가 우리 안에 계십니다. 우리의 교사이신 하나님의 성령이 우리의 영과 더불어 증언하시어 우리로 일들을 알게 하십니다. **그리하여 우리는 작은 일들에서도, 삶의 사소한 일들에서도 인도받는 방법을 배울 수 있습니다. 우리가 하나님의 성령을 따르는 방법을 배운다면, 그것은 항상 하나님의 말씀과 일치할 것입니다.**

골로새서 1:9을 보세요.

"이로써 우리도 듣던 날부터 너희를 위하여 기도하기를 그치지 아니하고 구하노니 너희로 하여금 모든 신령한 지혜와 총명에 하나님의 뜻을 아는 것으로 채우게 하시고."

만일 주님께서 여러분이 그의 뜻을 알기 원하지 않으셨다면 무엇 때문에 그가 여러분에게 모든 신령한 지혜와 총명에 하나님의 뜻을 아는 것으로 채우게 해달라고 기도하라는 말씀을 하시겠습니까? 매일 이 기도를 우리 자신을 위해서 큰 소리로 기도합시다.

따라 하세요. **"내가 모든 신령한 지혜와 총명에 하나님의 뜻을 아는 것으로 채워지게 하옵소서."** 할렐루야! 하나님께 영광을 돌립니다.

또한 로마서 12장 2절로 가보겠습니다.

"너희는 이 세대를 본받지 말고 오직 마음을 새롭게 함으로 변화를 받아 하나님의 선하시고 기뻐하시고 온전하신 뜻이 무엇인지 분별하도록 하라."

여러분, 우리가 하나님의 뜻을 알 수 있나요? 우리는 성경에서 어리석은 자가 되지 말고 하나님의 뜻을 발견하고 하나님의 뜻을 이해하라는 권면을 받습니까? 심지어는 하나님의 뜻을 아는 것으로 채워지도록 기도하라고 가르칩니까?

세상은 어둠으로 가득 차고, 무지로 가득 차 있습니다. 그들은 여러분이 아무것도 확신할 수 없도록 확신시키려 할 것입니다. 왜 우리가 여기 있는지 아무도 모른다고, 그것은 우주에 의해 감추어진 위대한 미스테리라고 말입니다. 아닙니다.

만일 당신이 하나님의 말씀을 읽고, 그 말씀이 말하는 것을 받아들인다면, 당신은 하늘 아버지에 의해 창조되었고 속량 되었습니다. 할렐루야!

하나님은 그의 좋은 것들을 당신에게서 감추려고 하지 않습니다. 그는 그의 말씀과 성령에 의해 그의 뜻을 계시해 주셨습니다. 그는 우리가 그것을 확신하고, 알기를 원하십니다. 할렐루야!

자, 시간이 다 되었군요. 다시 큰 소리로 따라 하세요. **"나는 믿음으로 행합니다. 나는 믿음으로 삽니다. 나는 믿음으로 세상을 이깁니다. 나는 믿음이 강해져서 하나님께 영광을 돌립니다."**

다음번 〈믿음 학교〉에서 뵙겠습니다.

배운 대로 행하기

"너희는 말씀을 행하는 자가 되라"(약1:22)

1__ 무엇을 배웠는가?

2__ 무엇을 행할 것인가?

4-3

하나님의 뜻을 **모르면** 믿음을 가질 수 없다

여러분, 〈믿음 학교〉에 오신 것을 환영합니다. 〈믿음 학교〉는 우리의 믿음을 말씀으로 먹이고, 우리의 영이 점점 강해지며, 이기는 자가 되는 방법을 배우는 곳입니다. 그것이 하나님의 뜻입니다.

여러분이 바로 지금 어떤 일을 처리하려고 할 때, 여러분이 실패하거나 패배하는 것이 하나님의 뜻이라는 생각을 하지 마시기 바랍니다. 결코 그렇지 않습니다. 하나님은 항상 우리로 이기게 하시는 하나님이십니다. 그는 우리 주 예수 그리스도로 말미암아 우리에게 승리를 주시는 하나님이십니다.

때로 우리는 무지로 인해서 하나님과 협력하지 않습니다. 또는 우리 자신의 잘못으로 인해 응답을 받지 못합니다. 그러기 때문에 우리가 믿음으로 살고 행하며 이기는 자가 되는 방법을 배우기 위해 〈믿음 학교〉를 하는 것입니다.

여러분을 괴롭히고 있는 구체적인 문제들을 내가 알고 있는데, 오늘 그것을 이기는 방법을 배울 것입니다. 어쩌면 그것이 여러분을 수년간 괴롭혀 왔을지 모르지만, 전혀 문제가 되지 않습니다.

하나님은 여전히 더 크십니다. 여러분에게 닥칠 수 있는 그 어떤 것보다 더 크십니다. 여러분 안에 계신 분이 그것보다 더 크십니다.

그러므로 일이 잘될 수 있습니다. 여러분이 하나님의 뜻을 알 수 있게 되자마자 믿음이 솟아오르고, 기도를 할 수 있을 것입니다. 바로 지금 예수님의 이름으로 그것을 위해 우리의 믿음을 풀어 놓으십시다.

"아버지여, 이 수업을 위해 우리가 전 세계 시청자들과
함께 연합하여 기름 부음과 말씀을 구합니다.
모든 것에 대해 주의 완전한 뜻을 구합니다.
어떻게 살며, 어떻게 행하며, 어떻게 주님을 기쁘시게 하며,
어떻게 이기는가를 배우게 하옵소서.
모두에게 귀와 눈과 그것을 받을 수 있는 마음을 주시옵소서.
그것을 실천할 수 있는 방법을 알려 주옵소서.
듣고 잊어버리는 자가 아니요 행하는 자가 되게 하옵소서.
예수님의 이름으로 기도합니다. 아멘."

오늘도 교과서인 히브리서 11장 1절을 보겠습니다. 히브리서 11:1은 믿음이 무엇인가를 말해줍니다. **"믿음은 바라는 것들의 실상이요 보이지 않는 것들의 증거니."** 영 박사의 문자역은 이렇게 말합니다.

"믿음은 바라는 것들의 확신이요 보지 못하는 것들의 확신이다."

우리는 이번 주에 이전의 강의에서 확신과 믿음과 담대함이라는 단어가 상호 교환적으로 쓰였다는 것을 배웠습니다. 동일한 헬라어가 이처럼 여러 가지로 다르게 번역되었습니다. 뒤로 돌아가서 히브리서 10:35에서, 그는 이미 이 담대함/확신에 대해 말했습니다. 3:14에서는 처음부터 그 확신을 굳게 붙잡는 것에 대해 말했습니다. 이 모든 것들은 다 똑같은 것, 곧 믿음에 대해 말하는 것입니다.

히브리서 10:35 **"그러므로 너희 담대함/확신을 버리지 말라 이것이 큰 상을 얻게 하느니라."** 만일 여러분이 그 담대함/확신을 굳게 붙잡는다면, 보상을 받을 것입니다.

36절입니다. **"너희에게 인내가 필요함은 너희가 하나님의 뜻을 행한 후에 약속하신 것을 받기 위함이라."** 인내라는 단어는 끈질김이라는 말로 번역될 수 있습니다. 여러분은 계속 그렇게 해야 합니다.

38절입니다. **"나의 의인은 믿음으로 말미암아 살리라 또한 뒤로 물러가면 내 마음이 그를 기뻐하지 아니하리라."**

자, "뒤로 물러간다"는 이 말이 무슨 뜻입니까?

몇 구절 뒤로 가서 히브리서 11:6을 봅시다. **"믿음이 없이는 하나님을 기쁘시게 하지 못하나니."**

그는 똑같은 것을 말하고 있는 것입니다. 확신했다가 그다음에는 확신하지 않는 것이죠. 담대하게 앞으로 나가서 붙잡고서, 그다음에는 낙심하여 뒤로 물러가고, 뒷걸음치는 것입니다.

주님은 우리가 뒤로 물러서고, 뒷걸음치기를 원하십니까? 아닙니다. 사실 그것은 주님을 불쾌하게 합니다. 당신은 사람들이 이렇게 말하는 것을 들을 것입니다. "당신이 할 일은 당신이 지금 하고 있는 모든 일을 놓아버리고 하나님께 맡기는 것입니다."

당신이 불안, 두려움, 염려 등을 내버리고 하나님을 신뢰한다는 의미에서 하나님께 맡기는 것이라면, 그것은 좋은 생각입니다.

그러나 많은 경우, 그런 내용이 아닙니다. 그들이 뒤로 물러나면서 모든 것을 하나님께 맡긴다는 뜻으로 그렇게 말하는 것입니다.

그것이 신앙적인 것같이 들리지만, 주님이 원하시는 바가 아닙니다. 주님은 우리가 모든 것에서 손을 떼고 다 하나님께 맡기기를 원치 않습니다. 그것은 하나님이 우리에게 하라고 하신 것이 아닙니다.

성경은 디모데전서 6장에서 **"믿음의 선한 싸움을 싸우라 영생을 취하라"**라고 말했습니다. 놓아버리는 것과 붙잡는 것 사이에는 큰 차이가 있습니다. 맞습니까? 그 차이는 거대합니다.

많은 신자들이 그것이 바로 자기가 해야 할 일이라고 생각했습니다. "아무튼 나는 아무것도 할 수 없습니다. 그것은 모두 하나님이 하실 일이지, 내가 할 일이 아닙니다."라고 말합니다.

글쎄요, 그것은 바르지 않습니다. 여러분이 성경을 읽어본다면, 하나님께서 우리에게 역할과 책임을 주셨다는 걸 알게 될 것입니다. 우리는 우리의 역할을 해야 합니다. 물론, 우리가 할 수 없고, 오직 하나님만이 하실 수 있는 역할이 있습니다.

그러나 그때에도 우리가 우리 역할을 하지 않으면 그 부분에서 하나님을 제한하게 됩니다. 우리의 역할은 믿음입니다. 그의 말씀을 듣고 그의 뜻을 아는 데서 오는 확신입니다. 그가 말씀하셨습니다. **"너희 담대함/확신을 버리지 말라. 이것이 큰 상을 얻게 하느니라."** 포기하거나 던져버리지 마세요.

우리가 어제 수업에서 공부했지요. 에베소서, 골로새서, 로마서에서 우리는 어리석은 자, 지혜 없는 자가 되지 말고, 이 세상을 본받지 말고, 하나님의 뜻을 알아야 한다고 배웠습니다. 우리는 하나님의 뜻을 발견해야 하고, 알아야 하며, 그 뜻 안에서 확립이 되어야 합니다.

베드로후서 3:4에서도 그런 사상을 보게 됩니다. **내가 이런 이야기를 계속 하는 이유는 많은 크리스천들이 주님을 사랑하고 천국에 갈 선한 사람들이지만, 혼동을 해서 모든 것이 하나님께 달려 있고, 하나님의 뜻은 알 수 없다는 잘못된 가르침을 받았기 때문입니다.**

아닙니다. 하나님의 뜻은 성령으로 말미암아 하나님의 말씀에 계시되어 있습니다. 하나님은 우리가 말씀 안에서 확립이 되어 의심하고 추측하기를 멈추고 확신을 가질 때까지 성경을 탐구하여 그의 뜻을 찾기를 기대하십니다. 그 확신이란 믿음을 뜻하는 또 다른 단어입니다.

베드로후서 3:4에 말하기를 **"주께서 강림하신다는 약속이 어디 있느냐 조상들이 잔 후로부터 만물이 처음 창조될 때와 같이 그냥 있다"**라면서 조롱하는 자들이 말세에 있을 것이라고 했습니다.

오늘날에도 그와 똑같은 말을 하는 사람들이 틀림없이 있습니다. "보라고, 여러 해가 지나갔고, 수 세기가 지나갔어도 주님은 오시지 않았어요."

아닙니다. 주님은 다시 오십니다. 중요한 것은, 주께는 천 년이 하루 같다고 이 대목에서 알려 주십니다. 우리는 일백 년이 긴 시간이라 생각하지만, 주님께는 단지 두어 시간밖에 되지 않습니다.

그러나 주의 말씀은 사실이며, 그의 관점에서 볼 때, 여러분도 똑같이 그것을 보게 됩니다. "주께서 강림하신다는 약속이 어디 있느냐"라고 그들은 말합니다.

그러나 5절을 보세요. **"이는 그들이 일부러 잊으려 함이로다."**

이것은 주목할 만한 가치가 있는 문구입니다. "일부러 잊으려 한다"라는 말은 그들이 깨달음을 얻을 수 있었지만, 잊으려고 한다는 것입니다. 그들은 그 문제에 대해서 어둠 가운데 있기로 선택한 것입니다.

그는 계속해서 말합니다.

"이는 하늘이 옛적부터 있는 것과 땅이 물에서 나와 물로 성립된 것도 하나님의 말씀으로 된 것을 그들이 일부러 잊으려 함이로다. 이로 말미암아 그때에 세상은 물이 넘침으로 멸망하였으되."

이것은 노아 시대 대홍수에 대해 말하는 것입니다.

내려가서 9절입니다.

"주의 약속은 어떤 이들이 더디다고 생각하는 것 같이 더딘 것이

아니라 오직 주께서는 너희를 대하여 오래 참으사 아무도 멸망하지 아니하고 다 회개하기에 이르기를 원하시느니라."

여러분, 그 마지막 문구를 나와 함께 큰 소리로 따라 하세요. **"아무도 멸망하지 아니하기를 원하시느니라."** 우리는 하나님의 말씀을 계시된 하나님의 뜻으로 받아들여야 합니다. 만일 아무도 멸망하지 않기를 그가 원하신다고 말씀하셨다면, 일부의 사람들은 멸망하는 것이 그의 뜻이 될 수 있다는 생각을 품어야 하겠습니까?

우리는 **"아무도 멸망하지 않는 것이 주의 뜻이다"**라고 말하는 성경 말씀을 받아들여야 합니다. "멸망하다"라는 단어는 모든 종류의 영역에 해당하는 말입니다. 그는 구체적으로 말하지 않고, 아무도 멸망하지 않기를 바란다고만 말했습니다. 그러므로 그것이 영원히 멸망하는 것이든, 정서적으로 멸망하는 것이든, 신체적으로 멸망하는 것이든, 전쟁과 관련하여 멸망하는 것이든, 재정적으로 멸망하는 것이든 그 모든 것은 하나님의 뜻이 아닙니다.

그러므로 여러분은 이렇게 말할 수 없습니다.

"아마도 어떤 사람들에게는 그것이 하나님의 뜻일지 몰라."

아닙니다. 우리가 그 성경 말씀을 받아들인다면 어떤 사람에게도 하나님의 뜻이 아닙니다. 한 번 더 따라 하세요. **"아무도 멸망하지 않는 것이 하나님의 뜻이다."**

주님은 디모데전서 2:1-3에서 모든 계층의 지도자들을 위해 기도하라고 가르치셨습니다. **"그러므로 내가 첫째로 권하노니 모든 사람**

을 위하여 간구와 기도와 도고와 감사를 하되 임금들과 높은 지위에 있는 모든 사람을 위하여 하라 이는 우리가 모든 경건과 단정함으로 고요하고 평안한 생활을 하려 함이라 이것이 우리 구주 하나님 앞에 선하고 받으실 만한 것이니."

전쟁과 폭동과 소요가 있는 것이 하나님의 뜻입니까, 아니면 조용하고 평화로운 삶을 사는 것이 하나님의 뜻입니까?

보세요, 때로 사람들은 당신에게 이런 말을 하려고 할 것입니다. "전쟁은 하나님께서 정하신 것이야. 모든 항의, 모든 격변, 여기저기서 살해당한 사람들…" 아닙니다, 아니라고요.

사람들이 멸망 당하고, 살해당하는 것을 볼 때 그것은 원수 마귀가 역사하고 있다는 것을 아셔야 합니다. 그는 도둑질하고, 죽이고, 멸망시키려고 오는 도둑놈입니다. 만일 하나님의 완전한 뜻이 이루어진다면 평화와 번영을 볼 것이며, 축복과 승리를 볼 것이며, 기쁨과 평안을 볼 것입니다.

주님은 우리에게 주기도문이라는 기도를 하라고 가르치셨습니다. 주님은 뜻이 하늘에서 이루어진 것 같이 땅에서도 이루어지이다 라고 기도하라고 하셨습니다. 우리는 지금 하나님의 뜻에 관해 이야기하고 있는데, 이제는 주의 뜻이 이 땅에서 이루어지기를 기도합니다. 여기에 매우 많은 계시가 있습니다.

만일 이 땅에서 일어나는 모든 것이 다 하나님의 뜻이라면, 또 만일 하나님의 뜻이 이미 선악 간에 이 모든 것들을 통해 이루어지고 있다면, 왜 우리가 하나님의 뜻이 이루어지도록 기도할 필요가 있을까요? 하나님은 별개의 두 가지 뜻을 갖고 있지 않습니다. 즉 하늘을 위한 뜻위대하고 선하며 놀라운 것과 땅을 위한 뜻악한 것을 가지고 있지 않습니다.

고린도후서 4:4에서 사탄은 이 세상 신이라고 말합니다. 다른 구절에서는 온 세상이 저주와 어둠의 권세 아래 있다고 알려 줍니다. 감사하게도 주를 믿는 자들은 어둠의 권세에서 해방되어 하나님의 사랑의 아들의 나라로 옮겨졌습니다. 그러나 당신이 옮겨지지 않았다면, 당신은 여전히 어둠의 권세 아래 남아 있습니다.

어떤 사람들은 여기 이 땅에서 일어나는 모든 일은 다 하나님의 신비한 뜻이라고 말합니다. 홍수, 지진, 토네이도, 허리케인 등 모든 자연재해 및 그것으로 인한 모든 손해를 가리켜 하나님의 뜻이라고 합니다. 심지어는 보험회사에서도 그것들을 가리켜 "하나님의 행위"라고 부릅니다.

사람들은 머리를 흔들며 이렇게 말합니다.

"왜 그런 차 사고나 버스 충돌에서 사람들이 죽는지, 또 총기사고로 사람들이 죽는지 나는 모르겠어. 왜 하나님이 그렇게 하시는지 모르겠다."

그렇지 않습니다. 생각해 보세요. 하나님의 뜻이 하늘에서 이루어진 것 같이 이 땅에서도 이루어지기를 기도합니다.

하늘에는 많은 범죄가 있습니까? 가난한 사람들이 많을까요? 하나도 없어요. 하늘에서 많은 사람들이 다른 사람들에게 잔학 행위를 하여 그들의 삶을 파괴하고 있을까요? 없습니다. 허리케인이나 토네이도나 지진은 얼마나 많을까요? 없습니다. 하늘에는 없어요.

그 이유를 아세요? 하늘에서는 하나님이 완전히 통제하시고 그의 뜻이 하늘에서는 완전히 이루어지고 있기 때문입니다. 그래서 하나님은 그의 뜻이 이 땅에서도 이루어지기를 원하시는 것입니다. 하늘에 있는 것과 똑같은 뜻이 이루어지기를 말이죠.

만일 하나님의 뜻을 알 수 없다면, 여러분은 믿음으로 살 수 없습니다. 확신을 가질 수 없습니다. 담대함을 가질 수 없습니다. 우리가 하나님의 뜻을 의심하는 한, 그 영역에서 믿음을 가질 수 없습니다. 그 영역에서 하나님을 기쁘시게 할 수 없습니다. 그 영역에서 이기는 자가 될 수 없습니다.

그러나 〈믿음 학교〉의 우리는 거기에 있지 않을 것입니다. 그것이 〈믿음 학교〉 수업의 핵심입니다. 우리는 이 변덕스럽고 요동치는 세상을 따르지 않을 것입니다.

우리는 하나님의 뜻을 알 수 있다고 믿습니다. 우리는 첫째로 **하나님의 말씀**에서, 또 우리 안에 계시는 말씀의 저자이신 **성령으로부터 하나님의 뜻을 찾을 수 있습니다.**

모두 큰 소리로 따라 하세요. **"나는 하나님의 뜻을 알 수 있습니다."** 할렐루야!

여러분이 지난번 강의들을 들었다면, 에베소서 5장을 보았죠. **"그**

러므로 어리석은 자가 되지 말고 오직 주의 뜻이 무엇인가 이해하라."

골로새서 1:9, **"모든 신령한 지혜와 총명에 하나님의 뜻을 아는 것으로 채우게 하시고."**

또 로마서 12:2, **"너희는 이 세대를 본받지 말고 오직 마음을 새롭게 함으로 변화를 받아 하나님의 선하시고 기뻐하시고 온전하신 뜻이 무엇인지 분별하도록 하라."**

하나님의 자녀는 하나님의 뜻을 알 수 있고, 또 알아야 합니다. 일단 그것을 알게 되면, 그것이 믿음의 기초입니다. 그것이 의심하지 않고 기도하여 받을 수 있는 확신을 주는 것입니다.

디모데전서 2:3, **"이것이 우리 구주 하나님 앞에 선하고 받으실 만한 것이니 하나님은 모든 사람이 구원을 받으며 진리를 아는 데에 이르기를 원하시느니라."**

하나님의 뜻이 무엇입니까? 모든 사람이 구원 받기 위한 진리를 아는 데에 이르는 것이 하나님의 뜻입니다. 베드로서에서 읽었듯이, 아무도 멸망하지 않고 모든 사람이 회개하는 것이 하나님의 뜻입니다. 그런 일이 일어났습니까? 아닙니다.

그러나 그것이 하나님의 뜻을 바꾸지 않습니다. 어떤 것이 하나님의 뜻이라고 해서 그것이 자동적으로 모든 사람에게 일어난다는 뜻은 아닙니다. 왜냐하면 하나님께서 우리에게 자유의지를 주셨기 때문입니다. 우리는 협력을 할 수도 있고, 안 할 수도 있습니다.

모든 기도마다 "만일 그게 주의 뜻이라면"이라는 말로 기도하기를 매우 좋아하는 사람들이 있습니다. 그들은 "그저 예수님처럼 기도하려는 것뿐입니다. 예수님이 '만일 주의 뜻이라면'이라고 기도하셨잖아요."라고 말합니다. 그것은 부분적으로 맞을 뿐입니다.

예수님이 십자가를 지시기 전, 동산에서 이렇게 기도하셨습니다. **"아버지여, 만일 아버지의 뜻이거든 이 잔을 내게서 옮기시옵소서 그러나 내 원대로 마시옵고 아버지의 원대로 되기를 원하나이다."**눅22:42

일부 사람들은 이것을 가져다가 모든 종류의 기도에 적용합니다. "만일 예수님이 '내 뜻대로 마옵시고 아버지의 뜻대로 되게 하옵소서'라고 기도하셨다면, 왜 우리가 그와 같은 기도를 하면 안 된다는 말인가?"라고 말합니다.

성경은 여러 다른 종류의 기도에 대해 말합니다. 주님의 그런 기도를 우리는 헌신의 기도, 복종의 기도, 봉헌의 기도라고 부를 수 있습니다. 우리는 하나님의 뜻에 대해 모든 것을 다 알지는 못합니다. 우리는 우리와 관련된 모든 것, 하나님이 우리를 위해 계획하신 모든 상세한 것들을 다 알지는 못합니다.

성경은 이렇게 말합니다. **"무릇 그리스도 예수 안에서 경건하게 살고자 하는 자는 박해를 받으리라."**

이 구절은 병들어 고생하거나, 파산하거나, 패배하거나, 고통스런 일에 대해 말하는 것이 아닙니다. 복음 때문에 박해를 받는 것을 뜻합니다.

우리는 할 마음과 복종을 나타내기 위해 “아버지여, 내 뜻대로 마시고 주의 뜻대로 이루어지게 하소서”라고 기도해야 할 때가 있습니다. 그러나 내가 여러분에게 주목하기 바라는 것은 예수님이 언제나 그런 식으로 기도하지는 않았다는 점입니다.

요한복음 11:41 이하에서 예수님이 친구인 나사로가 죽어 장사 되었을 때 어떻게 기도하셨습니까? “아버지여, 만일 아버지의 뜻이거든 나사로가 나오게 하옵소서. 그러나 아버지의 뜻이 아니거든 아버지의 뜻이 이루어지게 하옵소서”라고 기도하셨습니까? 아닙니다.

그런 종류의 기도는 전혀 잘못된 것입니다.

그는 41절에서 말합니다. **“아버지여 내 말을 들으신 것을 감사하나이다.”** 그리고 42절에서 **“항상 내 말을 들으시는 줄을 내가 알았나이다. 그러나 이 말씀 하옵는 것은 둘러선 무리를 위함이니 곧 아버지께서 나를 보내신 것을 그들로 믿게 하려 함이니이다. 이 말씀을 하시고 큰 소리로 나사로야 나오라 부르시니.”** 만일 하나님의 뜻에 대해 어떠한 의심이라도 있었더라면, 이 일은 일어나지 않았을 것입니다.

다시 큰 소리로 말하세요. **“나는 알 수 있습니다. 나는 확신할 수 있습니다. 나는 믿음을 가질 수 있습니다. 나는 믿음이 강해져서 하나님께 영광을 돌립니다. 할렐루야.”**

오늘 시간이 다 되었군요. 다음번 〈믿음 학교〉에서 뵙겠습니다.

배운 대로 행하기

"너희는 말씀을 행하는 자가 되라"(약1:22)

1__ 무엇을 배웠는가?

2__ 무엇을 행할 것인가?

4-4

하나님의 뜻을 **확신해야** 믿음으로 구할 수 있다

안녕하세요, 〈믿음 학교〉는 우리의 믿음을 말씀으로 먹이고, 우리의 영이 점점 강해지며, 우리가 이기는 자가 되는 방법을 배우는 곳입니다.

성경은 우리가 거울을 보는 것 같이 하나님의 영광을 보매 그 형상으로 변화된다고 말합니다. 우리는 성령의 역사로 말미암아 영광에서 영광으로 변화됩니다. 하나님의 기름 부음 받은 말씀을 집중하여 들으면 변화됩니다. 믿음이 생기고, 내면에서부터 변화가 일어납니다. 그러면 외부에도 영향을 미칩니다.

그러므로 믿음을 풀어서 오늘 주님 안에서 더 높은 곳으로 올라가십시다. 나는 이 〈믿음 학교〉 수업을 통해 날마다, 주마다 여러분의 믿음이 자라며 더 강건해지고 있다고 확신합니다.

"아버지여, 예수의 이름으로 우리가 합심하여 구하오니
말씀과 기름 부음을 주시옵소서. 주의 선한 말씀과
주의 성령을 구하오니 지금 우리에게 필요한 것을 주시옵소서.
우리의 귀와 마음과 마인드를 열어 주옵소서.
우리가 전에 보지 못했던 것들을 보게 하옵소서. 우리는 말씀을 듣고
잊어버리는 자가 아니고 행하는 자가 되게 하옵소서.
예수님의 이름으로 기도합니다. 아멘."

다시 오늘의 교과서인 히브리서 11:1을 보겠습니다. **"믿음은 바라는 것들의 실상이요 보지 못하는 것들의 증거이니."**

영 박사의 문자역은 이렇습니다. **"믿음은 바라는 바의 확신이요, 보지 못하는 문제들의 확신이다."**

11장으로 흐름이 이어지는 10:35-36에서 그는 담대함/확신에 대해 말합니다. **"그러므로 너희 담대함/확신을 버리지 말라 이것이 큰 상을 얻게 하느니라. 너희에게 인내가 필요함은 너희가 하나님의 뜻을 행한 후에 약속하신 것을 받기 위함이라."**

성경에서 "믿음"이라는 단어는 "담대함"이라는 단어와 상호교환해서 사용됩니다. 그것은 때로는 "확신"으로도 번역됩니다. 아브라함은 충분히 설득되었다고 했습니다. 그러므로 나에게 뭔가에 대한 믿음이 있다는 말은 또한 나는 그것에 대해 확신이 있다는 말과 같습니다. 만일 당신이 어떤 것에 대해 믿음이 있다면, 그것에 대한 하나님의 뜻을 확신하게 됩니다. 하나님이 당신의 기도를 들으셨다고 확신

합니다. 당신의 요구가 응답되었다고 확신합니다. 당신이 말하는 것을 경험할 것이라고 확신합니다. 확신이 많은 것입니다.

어떻게 그런 확신을 얻을 수 있나요? 우리는 세상에 살지만, 세상에 속하지 않았습니다. 우리는 참으로 세상과 많이 다르도록 되어 있습니다. 이전에 로마서 12장에서 살펴보았습니다. **"우리는 이 세상을 본받지 말고 변화를 받아야 합니다."**

어떻게 세상처럼 되지 않고 변화됩니까?

"우리의 마음mind**을 새롭게 함으로 변화됩니다."**

무슨 목적으로? **"하나님의 선하시고 기뻐하시고 온전하신 뜻이 무엇인지 분별할 수 있기 위해서죠."**

우리가 구원받지 못한 세상 사람들과 다른 점은 무엇일까요?

우리는 하나님의 뜻에 맞게 마음과 생각이 새로워졌습니다. 하나님의 말씀인 성경에는 모든 해답이 들어 있습니다. 우리가 매일 삶에서 직면하는 문제들을 해결할 수 있는 열쇠도 성경 안에 있습니다.

요한일서 2:20을 보겠습니다. **"너희는 거룩하신 자에게서 기름 부음을 받고 모든 것을 아느니라."**

큰 소리로 따라 하세요. **"나는 기름 부음을 받았습니다."** 나는 거룩하신 자에게서 기름 부음을 받았습니다. 그 기름 부음으로 인해 우리는 모든 것을 압니다.

물론, 그 말은 우리가 만사를 다 안다는 뜻은 아닙니다. 마치 하나님처럼 모든 것에 대해 모든 것을 안다는 말이 아닙니다.

그러면 그것이 무슨 뜻입니까? 그것은 우리가 알 필요가 있는 모든 것은 기름 부음을 받아 알게 된다는 의미입니다. 모든 질문에 대한 해답이 모든 것을 아시는 성령의 인격으로 우리 안에 있다는 것이니 얼마나 위로가 되는 말씀입니까!

그러므로 실제로 우리는 무제한의 지식에 접근할 수 있습니다. 무제한의 이해, 무제한의 지혜에 접근할 수 있습니다. 놀랍지 않습니까? 놀랍게도 그것은 사실입니다.

내가 방금 인용했습니다.

"우리는 거룩하신 자에게서 기름 부음을 받고 모든 것을 아느니라."

이는 우리가 알아야 할 필요가 있는 모든 것을 안다는 말입니다. 그 말은 '확신'과 '충분히 설득됨'과 '충분히 확신함'이라는 이 개념과 유사합니다.

당신이 그 영역에서 하나님의 뜻을 알기 전까지는 그 영역에 대해 믿음을 가질 수 없습니다. 그러기 때문에 "만일 주님의 뜻이라면"이라는 말로 드리는 모든 기도는 때때로 믿음 없는 기도로 끝나고 맙니다.

하나님이 그의 뜻을 우리에게 알려 주셨는데 우리가 "만일 주님의 뜻이라면"이라고 계속 말하는 것은 자발적으로 무지함을 드러내는 것입니다. 그것은 하나님이 우리에게 알려 주시고 말씀해 주신 것을 무시하는 것입니다.

만일 여러분이 우리와 함께 이전 강의들을 들었다면, 예를 들어 아무도 멸망하지 않는 게 하나님의 뜻이라는 것을 살펴보았습니다.

그러므로 어떤 상황에서 멸망해 가는 사람들에 대해 "주님, 간섭해 주시옵소서. 만일 주님의 뜻이라면 그들을 위해 뭔가를 해 주십시오"라고 기도한다면, 여러분은 자발적으로 무지한 것입니다. 아무도 멸망하지 않는 게 하나님의 뜻이라고 그가 말씀하셨는데, 여러분은 여전히 멸망하는 게 그의 뜻일지 모른다는 의미로 말하고 있으니까요. 아니죠. 그것은 믿음을 방해할 것입니다.

믿음은 하나님의 뜻임을 아는 기반 위에 근거합니다.

요한일서 5:14-15을 봅시다. "그를 향하여 우리가 가진바 담대함이 이것이니 그의 뜻대로 무엇을 구하면 들으심이라. 우리가 무엇이든지 구하는 바를 들으시는 줄을 안즉 우리가 그에게 구한 그것을 얻은 줄을 또한 아느니라."

이것은 많은 사람들이 기도하는 방식과는 아주 다릅니다.

사람들이 내게 부탁합니다.

"키이스 목사님, 나의 치유를 위해 기도해 주시겠습니까?"

그러면 나는 그들에게 간단한 질문을 합니다.

"당신은 치유 받는 것이 하나님의 뜻이라고 믿으세요?"

그러면 대부분의 경우, 사람들은 나를 쳐다보며 말했습니다.

"네, 그러기를 바라죠. 그렇게 되면 좋겠어요. 그렇게 되길 원합니다." 자, 보세요. 기도할 준비가 되어 있지 않습니다.

치유가 하나님의 뜻이라고 내가 확신하여 기도한다고 할지라도 그들은 치유가 하나님의 뜻이라고 확신하지 않기 때문에 우리는 합심할 수 없습니다. 믿음에 근거가 없습니다. 그런 일이 수도 없이 일어났습니다.

그들은 주님이 가르치시고 주의 뜻이 무엇인지를 알려 주는 〈믿음 학교〉에서 배워야 합니다. 우리는 성경책에 더 많은 시간을 들여야 합니다. 여러분, 동의하세요? 우리가 성경에 더 많은 시간을 투자해야 하는 이유는 하나님의 뜻이 주제별로 나타나 있기 때문입니다.

치유를 예로 들어봅시다. "모든 사람이 치유 받는 것은 하나님의 뜻이 아닌 게 분명하다"라고 말하는 사람들이 있습니다.

왜 그런 말을 합니까? "그들이 치유를 받지 못하기 때문이죠."

사람들이 거듭나는 것에 대해서도 똑같이 말할 수 있을 것입니다.

"모든 사람이 구원받는 것은 하나님의 뜻이 아닌 게 분명해."

왜? "사람들이 모두 다 구원받는 건 아니기 때문이지."

여러분, 거듭난 신자에게 은혜로 후하게 공급이 된 것은 믿음으로 받아야 합니다. 여러분이 그것을 붙잡고 그것을 받은 줄로 믿고 그것을 믿음으로 자기 것으로 취해야 합니다.

어떤 것을 어떻게 믿음으로 취할 수 있습니까?

먼저 하나님의 뜻을 확신해야 합니다. 하나님의 뜻을 안다면, "만일… 나는 모르지만… 그러기를 바라는데… 알게 되겠지…"와 같은 말을 하지 말아야 합니다.

기도한 다음에, 하나님의 뜻을 알기 위해 어떤 일이 일어나는가 보자라고 하는 것은 믿음 없는 기도입니다. 그러기에 결과가 없는 기도를 하는 것입니다.

14절을 다시 보세요. **"그를 향하여 우리가 가진바 담대함이 이것이니 그의 뜻대로 무엇을 구하면 들으심이라."**

'담대함'이란 '믿음'을 다르게 표현한 말입니다. 그러므로 확신하는 기도에 필수조건은 하나님의 뜻을 아는 것입니다. 우리가 하나님의 뜻대로 무엇이든 구하면, 어떤 일이 일어납니까? 당신이 어떻게 느끼든 상관없이 "그가 당신의 기도를 들으십니다."

당신이 성경으로 가서 하나님이 이미 그 주제에 대해 말씀하신 것을 찾아 성령으로 기도하면서 주님께 오늘 당신의 상황에 적용되는 말씀을 알려 주시고 깨닫게 해달라고 구했는데 하나님이 그렇게 해주셨습니다. 당신은 그것을 보았고, 이것이 하나님의 뜻이라는 걸 알고 그 지식에 맞게 기도했습니다. 하나님이 그 기도를 들으셨습니다. 당신은 어떻게 느끼느냐를 체크할 필요가 없습니다. 그 밖의 어떤 것도 알 필요가 없습니다. 당신은 하나님의 뜻대로 기도했습니다. 하나님이 그 기도를 들으셨습니다.

15절, **"우리가 무엇이든지 구하는 바를 들으시는 줄을 안즉 우리가 그에게 구한 그것을 얻은 줄을 또한 아느니라."**

그가 우리의 기도를 들으신 것을 우리가 어떻게 압니까? 소름이 돋고, 오한이나 열감이 없는 것으로 아는 것이 아닙니다. 그런 건 필요가 없습니다. 나는 하나님이 나에게 주시는 모든 감정을 받아들일 것입니다. 내 말을 오해하지 마세요. 당신이 믿음으로 행할 때는 알기 위해 무엇을 느낄 필요가 없습니다.

나는 하나님이 나의 기도를 들으셨다는 것을 일말의 의심도 없이 알 수 있습니다. "그가 그 기도를 들으신 것을 어떻게 아세요? 뭔가를 느끼세요?" 아무것도 느낄 필요가 없습니다.

나는 하나님의 뜻대로 기도했습니다. 하나님의 말씀대로 기도했는데, 하나님의 말씀은 곧 하나님의 뜻입니다. 하나님께서 그것을 들으셨다고 내게 말씀하셨습니다. 그가 나의 기도를 들으신 걸 내가 안다면, 나는 딴 것도 압니다. 그것이 하나님의 뜻이기 때문에 내가 구한 것을 그가 들으신 줄로 내가 안다면, 우리는 아는 것입니다.

당신은 여기서 반복되는 말이 보입니까?

"우리가 그에게 구한 그것을 얻은 줄을 아느니라."

우리는 안다. 확신이죠. 우리는 안다. 우리는 안다. 이것은 마가복음 11:24의 그 위대한 말씀과 나란히 갑니다. **"그러므로 내가 너희에게 말하노니 무엇이든지 기도하고 구하는 것은 받은 줄로 믿으라 그리하면 너희에게 그대로 되리라."**

요한일서에 의하면, 우리가 기도하기 전에 그것이 하나님의 뜻인 줄 알았습니다. 그래서 우리가 기도할 때 우리는 하나님이 우리 기도를 들으신 줄 알았습니다. 하나님이 우리의 기도를 들으신 줄 알았기 때문에 우리는 그것을 받은 줄로 믿습니다. 그러므로 성경이 말한 대로 우리는 그것을 얻었고 그것을 볼 것입니다. 확신입니다. 확신. 아는 것입니다.

마태복음 8장에 전형적인 예가 나옵니다.

마태복음 8:1 이하는 치유라는 주제를 다룹니다. 이것은 많은 크리스천들이 "만일 주님의 뜻이라면"이라고 기도하기를 고집하는 큰 영역 중 하나입니다. 나 역시도 "만일 주님의 뜻이라면" 치유를 해달라고 기도했던 바로 그런 자리에 있었습니다.

내가 10대 후반 때 한번은 우리 담임 목사님과 함께 병원 심방을 따라갔습니다. 교회 성도인 어떤 부인이 심한 병으로 입원 중이었습니다. 목사님은 그녀 침대 옆에서 그녀의 손을 잡고, 나는 침대 옆에 그와 함께 있었습니다. 그가 기도하자 나도 함께 기도했고, 그녀도 기도했습니다.

"아버지여, 우리는 이 자매를 사랑합니다. 그녀가 이런 병을 앓고 있어서 안타깝습니다. 주여, 만일 주의 뜻이라면 우리 사랑하는 자매를 고쳐주시고 그녀를 일으켜 주시옵소서. 그러나 주의 뜻이 아니라면, 주의 뜻대로 이루어지게 하옵소서."

나는 아멘 했고, 그녀도 아멘 했습니다. 우리는 그녀를 위해서 타당한 기도를 했다고 느꼈습니다.

그러나 몇 년 후 여러 가지를 배우고 이 기도를 분석해 보니 많은 문제가 있었습니다. 하나님의 뜻은 고정되어 있어서, 우리가 어떤 기도, 어떤 말, 어떤 행동을 한다고 할지라도 그 뜻대로 이루어진다는 것입니다.

그러므로 이렇게 말할 수 있을 것입니다.

"하나님은 하시려고 하는 것을 하실 것이다. 누가 무슨 말을 하고 무슨 행동을 하든 하나님의 뜻은 확립되어 있다."

그러므로 주님의 뜻이라면, 이 자매를 고쳐주옵소서. 그러나 주님의 뜻이 아니라면, 그녀를 고치지 마옵소서. 바꿔 말하면, 주님은 주님이 하려고 하는 것을 하실 것이고, 어떤 일이 있어도 주님이 하려고 하지 않는 것은 주님이 하지 않을 것이다.

만일 하나님의 뜻이 이미 결정되어 있고, 일어나거나 일어나지 않는 모든 것이 하나님의 뜻이라면, 왜 기도를 합니까? 만일 우리의 기도가 무엇을 변화시키려는 것이 아니라면, 기도의 목적이 무엇입니까? 기도하는 이유가 무엇입니까?

그런 종류의 생각은 틀린 것이며, "만일 주님의 뜻이라면"이라는 말로 치유를 위해 기도하는 것은 무용한 기도입니다. 당신이 하나님의 뜻을 모른다면, 아무런 확신도 가질 수 없습니다.

믿음은 하나님의 뜻을 아는 곳에서 시작합니다. "만일 주님의 뜻이라면"이라는 말로 치유를 위해 기도하는 바로 그 사람들이 "만일 주님의 뜻이라면"이라는 말로 사람이 거듭나기를 위해 기도하지는 않을 것입니다.

사람들이 구원받기 위해 강단 앞으로 나가서 주님을 영접하려고 합니다. 그때 어떤 사람이 나와서 "잠깐 기다리세요. 하나님의 뜻에 복종하려고 하니까 우리 기도합시다. '주님, 만일 주님의 뜻이라면 이 사람을 구원해 주소서. 만일 아니라면, 주의 뜻대로 이루어 주시옵소서."

이렇게 기도한다면 교회 성도들이 비명을 지르며 말할 것입니다.

"아니요, 아닙니다. 노, 노, 노. 아무도 멸망하지 않는 것이 주님의 뜻입니다."

이것은 다른 영역에 관해서도 해당이 됩니다. 어느 누구도 신체적으로, 정신적으로, 정서적으로, 혹은 물질적으로나 재정적으로 망하지 않는 게 주님의 뜻입니다.

하나님은 좋으신 하나님이십니다. 그는 아무도 멸망하지 않기를 원하십니다. 우리는 하나님의 뜻이 이미 성경 말씀에 계시되어 있을 때 믿음을 파괴하는 문구인 "만일 주님의 뜻이라면"을 가지고 기도하기를 그만두어야 합니다. 우리는 확신을 가져야 합니다.

바로 마태복음 8:1에서 이를 볼 수 있습니다.

"예수께서 산에서 내려오시니 수많은 무리가 따르니라 한 나병환자가 나아와 절하며 이르되 주여 원하시면 저를 깨끗하게 하실 수 있나이다 하거늘."

오늘날 얼마나 많은 사람들이 이런 기도를 하고 있습니까? 그들은 이 나병환자와 똑같이 기도하고 있습니다. 주님이 원하시면 깨끗하게 하실 수 있습니다라고 말이죠.

나는 부모들이 눈에 근심이 가득한 가운데 나를 쳐다보며 이렇게 말하는 것을 보았습니다.

"나는 하나님이 우리 아이를 고칠 줄로 압니다. 나는 기도했고, 애걸했어요. 나는 내가 아는 모든 것을 다 했어요. 나는 하나님이 고칠 수 있다는 것을 압니다. 그런데 왜 하나님이 고치려고 하지 않을까요?"

하나님이 응답하실 수 없는 기도가 있습니다.

하나님은 그가 이미 하신 일을 하실 수 없습니다. 예를 들면, 하나님께 아무개를 구원해달라고 애걸합니다. 그것은 새로운 탄생의 경우도 마찬가지입니다. "하나님, 왜 내 형님을 구원해 주지 않으세요? 왜 내 여동생을 구원해 주지 않으세요? 하나님, 제발 비오니 그들을 구원해 주옵소서."

그것은 잘못된 기도입니다. 또한 믿음이 없는 기도입니다.

예수님께서 이미 그들의 구원을 위해 필요한 모든 것을 해놓았습니다. 그들의 죄악을 담당하셨고, 심판을 받았으며, 죽은 자 가운데서 살아나셨고, 죽음에 대해 승리하셨습니다. 그러므로 "하나님, 제발 구원해 주세요."라고 애걸할 필요가 없습니다. 우리가 할 일은 그것을 받아들이는 것입니다.

어떻게 받아들입니까? 믿음으로! 당신이 하나님의 뜻을 여전히 의심하고 있을 때 믿음을 가질 수 있습니까? 없습니다.

보스워스 목사님이 말씀했다시피, "믿음은 하나님의 뜻이 알려진 곳에서 시작됩니다."

"그를 향하여 우리가 가진 바 담대함/확신이 이것이니 그의 뜻대로 무엇을 구하면 들으심이라 우리가 무엇이든지 구하는 바를 들으시는 줄을 안즉 우리가 그에게 구한 그것을 얻은 줄을 또한 아느니라." 요일 5:14-15 안다는 말이 여러 번 나옵니다. 아는 것. 확신. 아는 것. 아는 것. 그것이 바로 믿음의 본질입니다.

그러면 왜 모든 것에 대해 그런 식으로 기도하지 않나요?

왜 사람들이 거듭나는 것에 대해서는 그런 식으로 기도하지 않습니까? 모든 사람이 구원 받는 게 하나님의 뜻이라는 것을 알기 때문에 그렇게 하려고 하지 않는 것입니다.

그렇다면 모든 사람이 치유 받는 것 또한 하나님의 뜻입니다.

모든 사람이 성령 충만 받는 것 또한 하나님의 뜻입니다.

모든 사람이 고통과 괴로움에서 해방 받는 것 또한 하나님의 뜻입니다.

모든 사람의 필요가 채워지는 것 또한 하나님의 뜻입니다. 그것을 확신한다면, 의심은 그칩니다.

예수님이 그 나병환자에게 뭐라고 하셨습니까?

"예수께서 손을 내밀어 그에게 대시며 이르시되 내가 원하노니 깨끗함을 받으라 하시니 즉시 그의 나병이 깨끗하여진지라."

예수님은 치유가 일어나기 전에 먼저 하나님의 뜻에 대한 그 사람의 의문 사항부터 깨끗이 정리해 줘야 한다는 걸 아셨습니다.

예수님은 어제나 오늘이나 영원토록 동일하시지요? 만일 예수님이 그때 "내가 원한다"라고 하셨으면, 그는 지금도 여전히 "내가 원한다"라고 말씀하십니다. 그것은 결코 변치 않았습니다. 만일 예수님이 그에게 "내가 원한다"라고 하셨다면, 그는 당신에게도 그렇게 말씀하십니다. 하나님의 말씀이 이 문제를 단번에 영원히 해결해 주셨습니다. 그것이 그의 뜻입니다. 할렐루야!

큰 소리로 따라 하세요. **"나는 믿음으로 행하겠습니다. 나는 믿음으로 살겠습니다. 나는 믿음으로 이 세상을 이깁니다. 나는 믿음이 강해져서 하나님께 영광을 돌립니다."**

다음번 〈믿음 학교〉에서 뵙겠습니다.

배운 대로 행하기

"너희는 말씀을 행하는 자가 되라"(약1:22)

1 ___ 무엇을 배웠는가?

2 ___ 무엇을 행할 것인가?

4-5

성령의 증언을 **듣고 아는 것이** 확신이다

여러분, 〈믿음 학교〉에 나오신 걸 환영합니다. 〈믿음 학교〉는 우리의 믿음을 말씀으로 먹이고, 우리의 영이 점점 강해지며, 우리가 이기는 자가 되는 방법을 배우는 곳입니다. 그것은 모든 하나님의 자녀를 위한 하나님의 뜻입니다.

하나님이 정해 놓은 실패와 패배 같은 것은 없습니다. 하나님은 세상 사람들이 멋지고 훌륭한 삶을 사는 데에 반해, 우리는 병들고, 패배하며, 파산하고, 혼동하도록 정해 놓지 않았습니다.

예수님이 우리를 대신하셨습니다. 우리의 죄와 실수에 대한 모든 심판을 받으셨습니다. 그는 우리의 연약한 것과 우리의 질병을 담당하셨고, 우리의 통증을 가져가셨습니다. 그가 징계를 받음으로 우리가 평화를 얻게 되었습니다. 심지어 그는 우리를 위해 가난하게 되셨습니다.

왜 그렇게 하셨습니까? 우리가 그 모든 것들로부터 자유케 되도록 하기 위해서죠. 우리는 의로워질 수가 있습니다. 우리는 치유 받고 건강해질 수가 있습니다. 우리는 평화를 얻을 수 있습니다. 우리는 기쁨을 얻을 수 있습니다.

〈믿음 학교〉는 우리의 믿음을 자라게 해서 주님이 값을 지불하고 사주신 것을 붙잡을 수 있게 해 주는 곳입니다. 오늘 그의 뜻이 이루어지도록 믿음을 풀어서 기도합시다.

"아버지여, 예수의 이름으로 우리가 모두 믿음으로 합심하여
계시의 말씀을 붙잡습니다. 우리가 주의 축복과 승리를 누리는 것이
주님을 기쁘시게 하는 것임을 알고 주님께 감사와 찬송을 드립니다.
우리는 주의 말씀을 듣고 잊어버리거나 듣기만 하지 않고
행하는 자가 되겠습니다.
예수의 이름으로 기도합니다. 아멘!"

오늘 또다시 이번 주간 내내 살펴보았던 성경 히브리서 11:1을 봅시다. **"믿음은 바라는 것들의 실상이요 보지 못하는 것들의 증거니."** 영 박사의 문자역은 이렇게 말합니다. **"믿음은 바라는 것들의 확신이며 보지 못하는 것들의 확신이다."**

히브리서 10:35은 **"그러므로 너희 담대함을 버리지 말라 이것이 큰 상을 얻게 하느니라."**

38절, **"나의 의인은 믿음으로 말미암아 살리라 또한 뒤로 물러가면 내 마음이 그를 기뻐하지 아니하리라 하셨느니라."**

이 말씀은 히브리서 11:6과 잘 맞습니다. **"믿음이 없이는 하나님을 기쁘시게 하지 못하나니."** 왜냐하면 믿음은 확신하는 것이기 때문입니다. 뒤로 물러가는 것은 믿음이 아니며 하나님을 기쁘시게 하지 못합니다. **여러분이 담대할 수 있는 유일한 방법은 확신하는 것입니다.**

어떻게 확신할 수 있습니까? 믿음은 들음에서 옵니다. 우리가 이전 수업에서 공부한 대로, **기름 부음 받은 선포된 말씀을 들음으로 믿음이 옵니다.** 만일 당신이 그렇게 한다면, 하나님의 기름 부음 받은 말씀이 당신을 두려움과 의심으로부터 해방할 것입니다. 하나님이 말씀하신 것을 들을 때, 그의 뜻이 무엇인가에 대해 우리의 영과 마음을 안정시켜 줄 것입니다. 그의 말씀이 영원히 확정되었기 때문에 그것은 우리가 추측하며 의심하는 것을 그치고 영원히 확정하게 할 것입니다.

우리가 어제 살펴보았던 요한일서 2:20을 다시 봅시다. **"너희는 거룩하신 자에게서 기름 부음을 받고 모든 것을 아느니라."**

여러분에게는 기름 부음이 있습니다.

로마서 8:14은 이것이 어떻게 역사하는지를 묘사합니다.

"무릇 하나님의 영으로 인도함을 받는 사람은 곧 하나님의 아들이라." 하나님의 아들남성과 여성을 둘 다 지칭하는 말은 하나님의 영으로 인도함 받을 것을 기대해야 합니다. 그들은 외부적인 요소들에 의해 인도받지 않습니다. 하나님께서 우리에게 마음과 생각을 주셨습니다. 그러나 우리는 우리의 총명이나 이성으로 인도함을 받으면 안 됩니다.

여러분은 잠언 3:5을 기억하십니까? **"너는 마음을 다하여 여호와를 신뢰하고 네 명철을 의지하지 말라."**

왜 마음을 다하여 여호와를 신뢰합니까? 우리가 이전 시간에서 배웠죠. 로마서에 "우리는 마음으로 믿는다"라고 했습니다. 여러분에게 마인드와 총명이 있습니다. 그러나 결정을 내릴 때는 여러분의 이성, 여러분의 총명을 의지하지 마세요. 여러분이 마음에 받은 것을 의지하세요. 마음을 다하여 여호와를 신뢰하십시오.

다시 로마서 8:14로 돌아가서, **"무릇 하나님의 영으로 인도함을 받는 사람은 곧 하나님의 아들이라."**

하나님의 영이 어디에 있습니까? 그는 우리 속사람 안에 있습니다.

15절, **"너희는 다시 무서워하는 종의 영을 받지 아니하고 양자의 영을 받았으므로 우리가 아빠 아버지라고 부르짖느니라."**

디모데가 말했습니다. **"하나님이 우리에게 주신 것은 두려워하는 마음이 아니요 오직 능력과 사랑과 절제하는 마음이니."**

여러분은 그것을 이렇게 말할 수 있을 것입니다.

"하나님의 영으로 인도함을 받고, 두려움의 영으로 인도함을 받지 말라." 그것은 배워야 할 정말 중요한 교훈입니다. 만일 여러분이 두려움으로 인도를 받는다면, 결국은 원수 마귀가 여러분을 인도할 수 있습니다.

그러면 원수 마귀는 여러분을 어디로 인도할까요? 그는 여러분을 멸망으로 인도하고 실패로 인도할 것입니다. 두려움은 우리 모두가 경험한 바와 같이, 약한 두려움에서부터 완전한 공황발작에 이르기까지 두려움의 정도가 다를 뿐이지, 동일한 두려움의 영입니다.

내가 소년이었을 때 어떤 어려운 상황을 겪고 있었는데, 그것이 나를 두렵게 하고, 나를 괴롭혔습니다. 나는 그 일을 어떻게 해야 할지 몰랐는데, 하나님의 성령이 내가 깨닫지 못하는 가운데 나를 인도하고 있었습니다.

성령은 시편 23편을 기억나게 하셨습니다. **"내가 사망의 음침한 골짜기로 다닐지라도 해를 두려워하지 않을 것은 주께서 나와 함께 하심이라."** 그 당시는 내가 믿음이나 고백 그런 것들에 관해 어떤 것도 배우기 전이었는데, 나는 그냥 왜 내가 그런 말을 하는지 알지도 못하면서 이렇게 말하기 시작했습니다.

"내가 사망의 음침한 골짜기로 다닐지라도 나는 해를 두려워하지 않겠습니다." 내가 그렇게 말하기 시작하자, 두려움이 나를 떠났고 힘과 확신이 내게 생겼습니다. 그것을 깨닫지 못했지만, 하나님의 성령이 소년인 나에게 말했습니다.

"두려움을 따르지 말고, 나를 따르라. 너 안에 있는 평안의 성령을 따르라. 은혜와 인자하심의 성령을 따르라."

로마서 8:16은 성령이 어떻게 우리를 인도하시는지 상세히 알려줍니다. **"성령이 친히 우리의 영과 더불어 우리가 하나님의 자녀인 것을 증언하시나니."**

나는 이것이 오늘 수업하는 우리에게 도움을 주실 것으로 믿습니다. 이 증언은 우리가 요한일서 2:20에서 이야기한 기름 부음과 똑같은 것이라고 할 수 있을 텐데, **우리가 알아야 할 모든 것을 알게 해주는 기름 부음이죠**.

우리를 인도하는 성령의 증언은 아는 것 knowing입니다. 아는 것은 확신이며, 아는 것은 믿음입니다. 주님이 우리를 믿음에로 인도하시리라는 게 놀랍지 않으세요? 그는 우리를 이 확신하는, 충분히 설득된, 충분히 확신하며 아는 것으로 인도하실 것입니다.

신약의 사도행전에서 믿음과 인도받음의 놀라운 예를 몇 가지 살펴보겠습니다. 사도 바울은 서신서의 형태로 신약의 계시를 많이 우리에게 알려 주었습니다.

그가 어떻게 기능했습니까? 한 가지를 말하면, 바울이 어디서 전도할까를 어떻게 알았을까? 언제, 어디로 가서 무엇을 할까를 그가 어떻게 알았습니까?

여러분은 믿음으로 살고 믿음으로 행하게 되어 있습니다. 그것은 하나님으로부터 듣는 것과 분리될 수 없습니다. 왜냐하면 믿음은 들음에서 오기 때문입니다. 성령은 우리로 알게 하고 우리를 인도하고 지도하십니다. 이것의 완벽한 예를 사도행전에서 봅니다.

사도행전 16장에 보면 바울과 그의 일행이 다음번에 전도할 지역을 찾고 있었는데, 6절입니다. **"성령이 아시아에서 말씀을 전하지 못하게 하시거늘 그들이 브루기아와 갈라디아 땅으로 다녀가."**

성령이 금하셨습니다. 그들이 어떻게 그것을 알았을까요?

마가복음 16장에서 **"너희는 온 천하에 다니며 만민에게 복음을 전파하라"**는 말씀은 교회에 주신 대위임령입니다. 만일 그 대위임령대로라면, 어느 때 어느 곳이든 가서 복음을 전파해야 마땅합니다. 맞습니까?

그러나 그렇지 않습니다. 왜냐하면 바울과 그의 일행이 아시아의 그 지역으로 가서 말씀을 전하려고 했지만, 성령이 그들을 금하셨기 때문입니다.

왜 금하셨죠? 대위임령은 전 교회에 주신 명령입니다.

"너희는 온 천하에 다니며 만민에게 복음을 전파하라."

그러나 한 개인은 그것을 성취할 수 없을 것입니다. 무슨 말인가 하면, 당신은 세상 모든 곳으로 가서 모든 사람에게 하나님의 말씀을 전할 수 없습니다.

우리의 시간은 한정되어 있습니다. 당신이 100년을 산다고 해도 순식간에 지나갈 것입니다. 얼마 동안은 성장하고, 얼마 동안은 잠자고, 얼마 동안은 먹고, 맞아요? 그러므로 〈믿음 학교〉와 같은 사역을 해야 할 우리의 남은 기간은 귀중한 시간입니다.

그러면 우리가 언제, 어디서 〈믿음 학교〉를 해야 합니까?

아내 필리스와 내가 이 〈믿음 학교〉를 하기 위해 그런 것들을 어떻게 알았을까요? **우리가 그렇게 할 수 있는 유일한 방법은 하나님으로부터 듣는 것이며, 성령의 인도를 받는 것입니다.**

이어서 7절은 말합니다. **"무시아 앞에 이르러 비두니아로 가고자**

애쓰되 예수의 영이 허락하지 아니하시는지라."

여기 또 다른 장소가 나오는데, 지금은 거기로 가서 전도하려고 하지 말라고 하셨습니다. **"무시아를 지나 드로아로 내려갔는데 밤에 환상이 바울에게 보이니 마게도냐 사람 하나가 서서 그에게 청하여 이르되 마게도냐로 건너와서 우리를 도우라 하거늘 바울이 그 환상을 보았을 때 우리가 곧 마게도냐로 떠나기를 힘쓰니 이는 하나님이 저 사람들에게 복음을 전하라고 우리를 부르신 줄로 인정함이러라."**8-10

그래서 그들은 마게도냐로 갔습니다. 어떻게 전달이 되었든 간에, 그것이 내적 증거이든, 성경 말씀에서 깨우치는 것이든, 꿈이든, 환상이든, 결과는 지금 바울이 알게 되었다는 사실입니다.

여러분은 그것이 이해가 되었나요?

이제 여러분은 알게 되었습니다. 바울과 같은 위대한 영적인 사람일지라도 의심을 했습니다. 여러분이 그 아는 것, 그 확신이 없다면, 성령의 인도를 받지 못한 것입니다. 이것이 하나님의 뜻이라고 아는 것이 없다면, 믿음으로 그것을 행할 수 없습니다. 믿음으로 그것을 행할 수 없다면, 하나님을 기쁘시게 할 수 없습니다. 그것을 능력 있게 할 수 없습니다. 그것을 승리하며 할 수 없습니다. 이길 수 없습니다. **우리로 모든 것을 알게 해 주는 그런 아는 것, 그런 성령의 기름부음을 받아야 합니다.**

아내 필리스와 나는 사역을 하면서 그런 일을 여러 번 경험했습니다. 우리가 교회를 시작해야 하는 시점이 왔습니다. 어디서 시작해야 하나?

미국은 너무 크고 넓습니다. 세계는 너무 크고 넓습니다. 맞아요?

그럼 어디서 교회를 시작해야 하죠?

장소를 보고 찾는 시간이 얼마간 필요했습니다. 우리가 생각할 시간이 조금 있었습니다. 여기가 좋을까, 저기가 좋을까?

그러나 성령이 우리를 금했습니다.

그러자 우리는 여기가 어떤가 하고 생각했습니다.

성령이 이를 허락하지 않았습니다.

그런데 결과적으로 뭔가가 떠올랐습니다. 우리가 그것을 바라보면 볼수록 더 많이 알게 되었고, 더 많이 기도했습니다.

그리하여 우리는 정착할 장소를 알게 되었습니다.

여러분, 이게 이해가 되시나요?

여러분이 그 지점에 이르게 되면, 여러분은 주님으로부터 들었을 뿐 아니라, 또한 인도도 받은 것입니다. 여러분은 주님으로부터 들었기 때문에 믿음을 갖게 되었습니다.

그렇게 아는 것이 확신입니다. 여러분이 믿음으로 그렇게 할 때 하나님의 자원이 그것을 확증해 줄 것입니다. 할렐루야!

그것이 주님을 기쁘시게 할 것입니다.

바울이 그렇게 움직였습니다. 우리에게도 동일한 성령이 계십니다. 그분이 우리를 인도하고 지도하십니다.

빌립보서에서 이것을 볼 수 있습니다. 이것이 굉장히 중요합니다. 이 두 경우는 아주 놀랍습니다. 바울이 이렇게 살았던 것입니다.

여러분은 바울이 믿음으로 살았다고 믿죠?

믿음으로 행했고, 하나님을 기쁘시게 했습니다.

우리가 이런 일에 대해 배운 것의 대부분은 바울의 서신을 통해서였습니다. 빌립보서 1장에 보면 바울은 이제 그의 생과 사역이 마지막에 가까이 왔습니다. 그는 그의 강력한 후원 파트너였던 빌립보 교회 성도들에 대해 언급합니다. 빌립보서 끝부분에 보면 그들이 여러 번 그에게 선교헌금을 보내준 이야기를 합니다.

빌립보 교회는 바울 목사님을 사랑했고 그에게 재정지원을 했습니다. 그런데 빌립보서 1:20부터 이렇게 말합니다.

"나의 간절한 기대와 소망을 따라 아무 일에든지 부끄러워하지 아니하고 지금도 전과 같이 온전히 담대하여이게 믿음을 지칭하는 말임 **살든지 죽든지 내 몸에서 그리스도가 존귀하게 되게 하려 하나니 이는 내게 사는 것이 그리스도니 죽는 것도 유익함이라 그러나 만일 육신으로 사는 이것이 내 일의 열매일진대 무엇을 택해야 할는지 나는 알지 못하노라."**20-22

여러분은 바울의 입장을 이렇게 말할 수 있습니다.

"나는 여기 이 땅에 머무를 것인지, 아니면 떠날 것인지 어느 쪽을 선택할지 모르겠다."

사람이 죽을 때가 되면, 가는 것입니다. 그것은 여러분에게 달려 있지 않습니다. 바울은 그것을 알지 못했습니다. 분명히 성령이 그를 감동하셨지만, 그는 그것을 몰랐습니다.

우리는 사람들이 상상하는 것 이상으로 이런 것들과 관계가 많습니다. 바울이 말했습니다.

"내가 좀 더 오래 머물러 살 것이냐, 아니면 주님과 함께 있을 것이냐, 주님과 함께 있는 게 여기 있는 것보다는 더 나은데, 나는 어느 쪽인지 모르겠다."

당신이든 바울이든 우리 모두가 때로는 어떻게 할지 모르는 곳에 있게 됩니다.

그가 말했습니다.

"그러나 내가 너희에 대해 생각할 때 너희는 나의 도움이 필요하다. 나는 너희를 도울 수 있다. 내가 육신으로, 내 몸 안에 있게 된다면, 내가 좀 더 오래 살 수 있다면 내가 너희를 도울 수 있다. 너희를 돕는 게 필요하다."

그러므로 그가 편지를 쓰고 있을 때에도 그는 "내가 여기 이 땅에 더 있을까? 아니면 떠날까? 내가 거기 가서 복음을 전할까?"라고 말하고 있는 것이 이해가 됩니까? 그가 믿음으로 그렇게 할 수 있기 전에, 무엇이 일어나야 합니까?

믿음으로 행하기 전에 성령으로부터 받아야 합니다. 그것이 모든 것에서 승리하는 열쇠입니다. "나는 우리가 거기로 가서 복음을 전하는 게 하나님의 뜻이라는 것을 안다"라고 말할 수 있도록 확정해야 합니다.

그래서 여러분이 그것을 알고 믿음으로 행할 때 하나님이 여러분과 함께하실 것입니다. 하나님의 성령이 여러분을 돕고 인도하실 것입니다. 그의 천사들이 여러분을 보호할 것입니다. 그가 여러분을 지원하기 위해 사람들을 붙이실 것입니다. 내 말은 그것이 성공할 것이라는 뜻입니다.

그러나 알지 못하고, 확신하지 못하고 "글쎄, 우리 한 번 해보지요"라고 하면서 떠날 때, 그렇게 하다가 사람들이 재난을 당하는 것입니다.

바울은 믿음의 사람입니다. 그는 믿음의 전도자입니다.

그가 말했습니다.

"나는 믿음의 말씀을 전했다." 맞아요?

로마서 10장에서 그는 믿음이 어떻게 오는가, 들음으로 말미암아 온다고 우리에게 말한 사람입니다. **그는 성령으로 인도받는 방법을 우리에게 말한 사람입니다.**

빌립보서에서 그는 중요한 결정을 내리고 있습니까?

"내가 이제는 주님과 함께 있을 것이냐, 아니면 여기에 좀 더 오래 있을 것이냐?" 이것이 큰 문제입니다.

우리가 인생에서 큰 결정을 어떻게 합니까?

똑같은 방법으로 합니다.

우리는 이 성경책에 코를 박아야 합니다. 성령으로 기도해야 합니다. 하나님과 교통해야 합니다. 우리가 이 문제를 어떻게 해결할지에 대해 생각하고 내적인 증거를 체크합니다.

우리에게 내적 증거가 없고, 하나님의 성령이 우리로 알게 하지 아니할 때 우리는 그 일을 하지 않습니다. 왜냐하면 우리는 마음에 확정이 안 되었고 알지 못하기 때문입니다.

그러나 우리가 계속 그 일을 바라보고 그 일에 대해 성경 말씀을 계속 먹는다면, 또 우리가 계속 그 일에 대해 성령 안에서 기도한다면, 하나님의 뜻인 그 일은 우리에게 뚜렷하게 드러나기 시작할 것입니다. 그러면 우리는 그 일에 대해 더욱더 확신을 갖게 될 것이며, 마침내 그 확신이 우리의 영 안에서 솟아 올라올 것이며, 우리는 그 기름 부음에 의해 알게 됩니다. 우리는 알 필요가 있는 그 때와 장소에 대해서 알아야 할 모든 것을 압니다.

그리하여 마치 바울이 여기서 했던 것처럼 우리는 이렇게 말합니다.

"오케이, 나는 알았다. 나는 바로 지금 주님과 함께 있으려고 하지 않을 것이다. 나는 빌립보와 에베소 교회 여러분과 함께 있을 것이다. 나는 여러분과 함께 있을 것이다. 나는 이런 확신을 가졌다. 나는 그것을 안다. 할렐루야!"

그것이 믿음입니다.

여러분 모두 큰 소리로 따라 하세요. **"나는 믿음으로 행합니다. 나는 믿음으로 삽니다. 나는 믿음으로 세상을 이깁니다. 나는 믿음이 강하여져서 하나님께 영광을 돌립니다. 할렐루야!"**

배운 대로 행하기

"너희는 말씀을 행하는 자가 되라"(약1:22)

1 __ 무엇을 배웠는가?

2 __ 무엇을 행할 것인가?

Faith School 로고